【中国人格读库】

国家新闻出版广电总局

培育和践行社会主义核心价值观主题出版重点出版物

# 礼记新编

## 六十篇（白文版）

高占祥　主编

周殿富　选编

北京时代华文书局

图书在版编目（CIP）数据

礼记新编 60 篇 : 白文版 / 周殿富选编. —— 北京 : 北京时代华文书局，2015.9（2022.3 重印）

（中国人格读库 / 高占祥主编）

ISBN 978-7-5699-0567-0

Ⅰ. ①礼… Ⅱ. ①周… Ⅲ. ①礼仪－中国－古代 ②《礼记》－通俗读物 Ⅳ. ① K892.9-49

中国版本图书馆 CIP 数据核字（2015）第 236022 号

**礼记新编 60 篇 : 白文版**

LIJI XINBIAN 60 PIAN BAIWENBAN

主　　编 | 高占祥
选　　编 | 周殿富

出 版 人 | 陈　涛
责任编辑 | 邢　楠
装帧设计 | 程　慧　赵芝英
责任印制 | 訾　敬

出版发行 | 北京时代华文书局 http://www.bjsdsj.com.cn
　　　　　北京市东城区安定门外大街 138 号皇城国际大厦 A 座 8 楼
　　　　　邮编：100011　电话：010-64267955　64267677
印　　刷 | 三河市嵩川印刷有限公司　0316-3650395
　　　　　（如发现印装质量问题，请与印刷厂联系调换）
开　　本 | 787mm×1092mm　1/16　印　张 | 13　字　数 | 124 千字
版　　次 | 2016 年 1 月第 1 版　印　次 | 2022 年 3 月第 2 次印刷
书　　号 | ISBN 978-7-5699-0567-0
定　　价 | 39.80 元

# 社会主义核心价值观与中国人格

周殿富

社会主义制度在中国已经建立了六十余年，而我们党则在本世纪初叶提出了培育弘扬社会主义核心价值观的重大课题，显然是其来有自。

社会主义的道德风尚在新中国蔚然兴起，曾经那样地风靡于二十世纪中叶。邓小平同志曾经在改革开放中讲过，当年"这种风气不仅是中国历史上从来没有过的，而且受到了世界人民的赞誉"。然而可惜的是，这个在社会主义制度建立与实践中，同步兴起的社会主义道德风尚的成长道路，却是一波四折。半个多世纪以来，它先是与共和国一道遭受了十年"文革"的浩劫；接着便是全党工作重心转移到改革开放进程中，欧风美雨"里出外进"的浸洗濡染；再接着是西方"和平演变"在东欧得手的强烈震荡与冲击；最后又是市场经济中那两只"看不见的手"在搅动着、嬗变着人们的价值取向。至少在国民中出现了价值观上的多层次化，传统美德的弱化，社会道德文明水准的退化，光荣革命传统的淡化，这也许正是中央在本世纪初提出社会主义核心价值观的原因吧。

不管怎么"变"，怎么"化"，当我们回首来时路，却不能不说，中华民族真的很强大，很值得骄傲。人类经历了几千年的文明进程，堪称世界文化之源的"五大文明古国"，其他四大古国文明都已被历史淘汰灭亡，只有中国成了唯一的延续存在。近现代即使那般的积贫积弱，被西方列强豆剖瓜分、弱肉强食，想亡我中华都不可能，就连最强大的美帝国主义，最凶残的日本军国主义都成为我们的手下败将，而且打出了一个新中国，且跨过整整一个历史阶段，直接进入了社会主义。西方敌对势力几十年不遗余力地对新中国百般围剿，"冷战""热战""和平演变"手段用尽，连如此强大的前苏联乃至整个苏东阵营都被瓦解了，而社会主义的旗帜仍旧在960万平方公里的土地上高高飘扬，而且昂首挺胸地屹立在世界的东方，中国真的是太强大了。几十年来的瞩目成就，竟然令西方发出了"中国威胁论"。你管他别有用心也好，言过其实也好，总比让别人说我们是"瓷器"，是"东亚病夫"好吧？1840~1949年的一百零九年间，中国尽受别人的欺负、"威胁"了，我们也能让那些昔日列强有点"威胁感"，又有什么不好？更何况这是他们自己说的啊！我们并没吹嘘，也没有去做。几千年来我们侵略过谁呢？"反战""非攻""兼相爱，交相利"，中国古有墨子，近有周恩来、邓小平同志。这也是中华民族固有传统美德的延续吧！

生于忧患，死于安乐，这也当是中华民族的一个传统美德吧？几十年来尽管中国如此繁荣兴旺，但从邓小平生前一直到党的"十八大"以来，无论哪一届中央领导集体，从来都没有忘记过国之忧患。忧在何处，患在何处呢？

二十世纪八十年代末，邓小平同志曾经在半年的时间内四次提到：中国改革开放十年最大的失误在教育，在"对青年的政治思想教育抓得不够""对人民的教育不够"，足见他的痛心疾首。他晚年时又提到了"国格"与"人格"的问题，讲道："谈到人格，但不要忘记还有一个国格。特别是像我们这样第三世界的发展中国家，没有民族自尊心，不珍惜自己民族的独立，国家是立不起来的。"

（精装版《邓小平文选》第3卷331页。）

人们很少注意到邓小平的这一段话，但邓小平恰恰是在这里把"国格""人格"提升到了事关"立国"的高度。

那么，什么是我们社会主义的"国格"呢？邓小平讲得很明白："民族自尊心""民族的独立"。

新中国一路走来，我们最大的尊严便是完全靠"自力"，靠"艰苦奋斗"，而达"更生"之境。对西方敌对势力的"冷战""热战""和平演变"，我们何曾有过屈服？也正是在这一前提下，我们才有真正的"民族独立"。这就是我们的国格。那么什么是我们中国人的人格呢？邓小平同志在这里没有讲，但他在1978年4月22日召开的全国教育工作会议上的讲话中，在讲到我们的教育培养目标时，至少提到与社会主义人格相关的各个方面：革命的理想，共产主义的品德，勤奋学习，严守纪律，艰苦奋斗，努力上进，爱祖国，爱人民，爱劳动，爱科学，爱护公共财产，助人为乐，英勇对敌，集体主义精神，专心致志地为人民工作，等等。这里的哪一条不属于社会主义人格的范畴呢？

2006年党的十六届三中全会，第一次提出了"建设社会主义核心价值体系"的历史性命题和战略任务。2007

年，胡锦涛同志在"6·25"讲话中又具体提出这个"体系"包括四个方面的内容：①马克思主义的指导思想；②中国特色社会主义共同理想；③以爱国主义为核心的民族精神和以改革创新为核心的时代精神；④社会主义荣辱观。这四个方面，一是信仰，二是理想，三是精神，四是道德文明，哪一个不在社会主义人格的范畴之内呢？党的十七届六中全会又提到了社会主义核心价值体系是"兴国之魂"。

2012年11月，在党的"十八大"上又用"三个倡导"把社会主义核心价值观概括为十二项：①倡导富强、民主、文明、和谐；②倡导自由、平等、公正、法制；③倡导爱国、敬业、诚信、友善。而且中办文件又把这"三个倡导"分为三个层面：第一个"倡导"的四项，是国家层面的价值目标；第二个"倡导"的四项，是社会层面的价值取向；第三个"倡导"的四项，是公民个人层面的价值准则。实际上前两个"倡导"的八项都是属于"国格"范畴，而第三个"倡导"是属于"人格"范畴。

那么，我们怎样才能在前面讲到的那些历史嬗变中培育建构起这个"核心价值观"呢？中共中央政治局的第十三次集体学习，似乎很明确地回答了这个问题。

新华社北京2014年2月25日电讯称：中央政治局在2月24日，以弘扬社会主义核心价值观，弘扬中华传统美德为内容，进行了集体学习，习近平总书记在主持学习时强调：

培育和弘扬社会主义核心价值观必须立足中华优秀传统文化。牢固的核心价值观，都有其固有的根本。抛弃传统、丢掉根本，就等于割断了自己的精神命脉。博大精深的中国优秀传统文化是我们在世界文化激荡中落稳脚跟的根基。中华文化源远流长，积淀着中华民族最深层的精神追求，代表着中华民族独特的精神标识，为中华民族生生不息、发展壮大提供了丰厚滋养。中华传统美德是中华文化精髓，蕴含着丰富的思想道德资源。不忘本来才能开辟未来，善于继承才能更好创新。对历史文化特别是先人传承下来的价值理念和道德规范，要坚持古为今用、推陈出新，有鉴别地加以对待，有扬弃地予以继承，努力用中华民族创造的一切精神财富来以文化人，以文育人。

习近平总书记的这段论述相当精辟，对于如何培育建构社会主义核心价值观问题从四个方面剀切明白。

第一，他明确指出要在中华优秀传统文化的基础上，来构造我们的社会主义核心价值观，而不能割断历史。这一条十分重要，否则我们便会失去我们的本来面目，便会成为无源之水，也就无法走向未来。

第二，指出了中华传统美德是中华文化精髓，蕴含着丰富的思想道德资源。这就为我们揭示了社会主义核心价值观，要以弘扬优秀的中华传统美德为基础。

第三，他指出，对传统文化在扬弃中继承，在继承中创新。这就是说，社会主义核心价值观的内涵，既要有优良传统的文化精神，也要有时代精神，是二者的有机结合。

第四，他指出要用中华民族创造的一切精神财富，来化人育人。这就是说，弘扬中华民族文化，并不只是传承儒学那些道统，而是要弘扬全民族共创的优秀传统文化。同时也就是说，培育、弘扬社会主义核心价值观的根本目的是化民、育人。

尤其值得瞩目的是，习近平总书记在这次讲话中提到了一个"中华民族独特的精神标识"问题，而在同年的全国组织部长会议上又提出我们再也不能以GDP论英雄的思想。让人欣慰的是，思想道德文化建设终于被提升到一个民族的标识地位，这至少表明中国人的思想观念，并不落伍于世界潮流。

并不受人欢迎的亨廷顿生前给他的祖国提出的警示忠告，竟是如何弘扬他们没有多少历史和文化的"传统文化"："盎格鲁新教精神——美国梦"，以此为国家的"文化核心"问题。他讲道："在一个世界各国人民都以文化来界定自己的时代，一个没有文化核心而仅仅以政治信条来界定自己的社会，哪有立足之地？"所以，他提醒他无限忠于的祖国，一定要巩固发扬他们自入居北美以来，在新教精神基础上形成的"美国梦"理念的"文化核心"地位，这样才能消解这个国家的民族与文化双重多元化的危机。为此，他甚至预言美国弄不好会在本世纪中叶发生分裂。而且他公开预言不列颠大英帝国也会因民族与文化多元化的问题，导致在本世纪上半期发生分裂。

西方的一些专家学者们也十分强调国家民族文化的地位问题，柏克说："全世界的人根据文化上的界限来区分自己。"丹尼尔同样说："保守地说，真理的中心在于，对一个社会的成功起决定作用的是文化，而不是政治。开明地说，真理的中心在于，政治可以改变文化，使文化免于沉沦。"这些语言也可能有它们的局限性与某种非唯物性，但至少可以让我们看到那些发达的资本主义国家在想什么，至少与马克思主义经典作家们，关于意识形态并不总是消极被动地接受它的经济基础的论断并不相悖。

中国显然具有世界上最悠久的民族文化，同时显然也拥有世界上最强大的政治优势。新中国包括它直接进入社会主义的经济形态，以及其后的一次次经济变革，哪一次不是靠政治力量在强力推动呢？它当然同样拥有让我们几千年的民族文化"免于沉沦"的能力。有学人认为我们的民族文化早就被以往一次次的历史性灾难割裂了，这个看法显然都是毫无道理的。但我们当下却确实面临着"两个传统"失传失统的危险。中国的传统文化与优秀的民族美德，在当代国民中还有多少传承？老一代中国共产党人用生命与鲜血铸就的光荣革命传统，在党内还有多少"光大"？我们现在全民族的"核心文化"到底在何处？"社会主义核心价值观"的提出不仅符合世界潮流，也是使我们优秀的民族文化得以传承而不发生历史断裂的根本保证。富和强永远都不是一个民族的标志，哪个国家不可以富，不可以强？但能代表中国"这一个"本来面目，具有自己民族特色的，唯有中华民族的文化，能代表中国人形象的只有中国独具的道德人格。什么是人格？人格就是原始戏剧中不同角色的本来面目。

综上所述，我们是不是可以这样认为，社会主义核心价值观应内含如下的成分：中华民族传统文化中的优秀传统美德；中国人民近现代反帝反侵略反封建的爱国主义、斗争精神与中国共产党领导下形成的几十年光荣革命传统；中国化了的马克思主义有中国特色社会主义的共同理想；与"中国梦"远大目标相适应的时代精神。由这些内涵构成的社会主义核心价值观，用它来干什么呢？用习近平总书记的话来说就是"化人""育人"，把它再具体化一下，无非是打造能体现中华民族特色，代表中国形象的国格、人格。在思想道德层面上，一个国家的民族精神也只有在人的身上才能体现，所以我们依据社会主义核心价值观的基本要求，针对当代青少年的实际情况，策划了《中国人格读库》这样一套大型系列选题。

本套书承蒙全国少工委、中华文化促进会、团中央中国青年网三家共同主办推广，并积极提供书稿。难得高占祥老前辈热情出任该套书的编委主任，且高占祥同志不辞屈就加盟主创作者队伍。一些大学、中学教师与青年作者也积极加盟此套书的编写。该选题被国家新闻广电出版总局列为2014年全国社会主义核心价值观重点选题，在此一并鸣谢。

希望本套书的出版能为社会主义核心价值观的培育与弘扬，为促进青少年的道德人格养成起到积极的作用。欢迎广大读者与作家对不足之处批评教正，多提宝贵建议与指导意见。

谨以此代出版前言并序。

二〇一四年十月

于北京时代华文书局

# 出版前言

　　《礼记论君子礼敬人生》是一部以《礼记》读书札记形式来谈生命伦理与人生哲学的大众通俗读物，并附有《礼记新编60篇》。但既涉《礼记》，如何通俗也比不得读小说轻松。

　　是的，轻松本为人的生活中不可或缺的一义，却远非生命真正福音。姑做一个并不恰当的比喻吧：草食动物绝无狩猎追捕之劳苦，但也只能屈伏于食物链的底层；而等候它的也只能是被驱使，被奴役，被吃掉的命运。肉食动物为了果腹，则必须付出日夜守候不惜奔跑之劳苦，虽难得轻松，但终是高踞于食物链顶端的王者。从这个意义上来讲，是否可以说：正是"吃"什么，在决定着生命的生存等级与命运归宿呢？而读什么书，不就等于我们在"吃"什么吗？

　　是的，不管怎么说，《礼记》之庞杂艰涩，无论如何，是不太适合今人阅读的。

　　《礼记》之杂，杂到大学专家分类都勉为其难；《礼记》之难，令专攻礼学者离开两汉注疏都难得其要；《礼记》之要，要在以天道地道而照人道，以"三道"而明礼义，以礼义而教人以忠孝爱敬尊让诚信节操来修身治心，终归是不离儒家"修齐治平"之宗旨。但其中有许多过时、糟粕的东西，乃至把深藏其中的珠宝都掩埋了。

《礼敬人生》一书最大的特点则是，紧紧围绕《礼记》中相关人学这一主题。弃其糟粕取其精华，紧密联系当下的社会生活实际用通俗的语言来进行讲解。而且大量引用了民间的、西方的哲理谚言与历史故事，与原文交叉讲述，令人读来饶有兴味而毫不觉枯燥。

更为难能可贵的是，作者并不局限于对原文的界说释义，而更多的篇幅是在认真讲解原文主题时，来谈自己的生命体悟与对人生的看法。虽然传达给人的尽是正能量，却无一丝玫瑰色的说教味道；从不掩饰社会生活、人生艰难、人性卑劣的真美、现实，而绝无灰色人生观的阴影笼罩；尽管对丑陋卑劣有许多尖刻的语言及至鞭挞彻骨，却从不失情理而绝无耸人听闻故作玄语之处。这与作者的深厚人文学养与丰富的人生阅历是分不开的。说文解字，以学养论英雄，谈人生则不同的阅历便有不同的滋味。因而，特向读者推荐：这是一本值得读、读得懂、用得上的好书。

相信本书的出版，会给读者的阅读生活中添一席有咀嚼滋味的美餐。即使能认真地琢磨一下目录中的一百个题目，也自会有所裨益。

试试，尝了才知滋味。

编辑部

# 序

　　《礼记》是一部深意无穷之书，身为中国人者不可不读。读而不信，可；不读而一无所知，则似大为不可。其礼之明哲剀切，其文之美轮美奂，不读自是一大憾事。

　　笔者就《礼记》中与今日人生密切相关的部分，撰写了"小札百题"名之为"礼敬人生"并非意犹未尽，实觉所遗颇多，所以便又逐章节通读选编了60篇，每篇各具主题，基本围绕两个方面来选编：其一，知识性、常识性的部分；其二，涉及到人的礼仪文明部分。前者对于了解传统文化，阅读历史读物，似大有益处；后者对系统地了解《礼记》的整体思想，并借鉴于自我修身治心养德、有效地投入社会职场生活，一定会有所裨益。是以，便把它以"白文本"形式与《礼敬人生》合集出版。供有兴趣于此的读者阅读。在选编中，为方便阅读，笔者对每一篇都拟了一个题目，重新划分了一下段落，未必恰当，很可能会有不周与错讹之处，望见谅、教正。

二〇一五年七月十五日于北京时代华文书局

# 目录

# 一、论礼的本质与功能效用

《曲礼》曰：毋不敬，俨若思，安定辞，安民哉！

敖不可长，欲不可从，志不可满，乐不可极。

贤者狎而敬之，畏而爱之。爱而知其恶，憎而知其善。积而能散，安安而能迁。临财毋苟得，临难毋苟免。很毋求胜，分毋求多。疑事毋质，直而勿有。

若夫，坐如尸，立如齐。礼从宜，使从俗。

夫礼者，所以定亲疏，决嫌疑，别同异，明是非也。礼不妄说人，不辞费。礼不逾节，不侵侮，不好狎。修身践言，谓之善行。行修言道，礼之质也。

礼闻取于人。不闻取人。礼闻来学，不闻往教。

道德仁义，非礼不成；教训正俗，非礼不备；分争辨讼，非礼不决；君臣、上下、父子、兄弟，非礼不定；宦学事师，非礼不亲；班朝治军，莅官行法，非礼威严不性；祷祠祭祀，供给鬼神，非礼不诚不庄。是以君子恭敬、撙节、退让以明礼。

鹦鹉能言，不离飞鸟；猩猩能言，不离禽兽。今人而无礼，虽能言，不亦禽兽之心乎！夫唯禽兽无礼，故父子聚麀。是故圣人作，为礼以教人，使人以有礼，知自别于禽兽。

大上贵德，其次务施报。礼尚往来，往而不来，非礼也；来而不往，亦非礼也。人有礼则安，无礼则危。故曰：礼者不可不学也。

夫礼者，自卑而尊人。虽负贩者，必有尊也，而况富贵乎！富贵而知好礼，则不骄不淫；贫贱而知好礼，则志不慑。

　　　　　　　　　　　　　　　　——《曲礼上第一》

## 二、论尊师敬长礼宾作客举止之礼

人生十年曰幼学；二十曰弱冠；三十曰壮，有室；四十曰强而仕；五十曰艾，服官政；六十曰耆，指使；七十曰老而传；八十九十曰耄；七年曰悼。悼与耄虽有罪，不加刑焉。百年曰期颐。

大夫七十而致事。若不得谢，则必赐之几杖，行役以妇人，适四方，乘安车。自称曰老夫，于其国则称名。越国而问焉，必告之以其制。

谋于长者，必操几杖以从之。长者问，不辞让而对，非礼也。

幼子常视毋诳。童子不衣裘、裳。立必正方，不倾听。长者与之提携，则两手奉长者之手。负、剑、辟咡诏之，则掩口而对。

从于先生，不越路而与人言。遭先生于道，趋而进，正立拱手。先生与之言则对，不与之言则趋而退。从长者而上丘陵，则必乡长者所视。登城不指，城上不呼。

将适舍，求毋固。将上堂，声必扬。户外有二屦，言闻则入，言不闻则不入。将入户，视必下。入户奉扃，视瞻毋回。户开亦开，户阖亦阖。有后入者，阖而勿遂。毋践屦，毋踏席，抠衣趋隅，必慎唯诺。

凡与客入者，每门让于客。客至于寝门，则主人请入为席，然后出迎客，客固辞，主人肃客而入。主人入门而右，客入门而左；主人就东阶，客就西阶。客若降等，则就主人之阶。主人固辞，然后客复就西阶。主人与客让登，主人先登，客从之，拾级聚足，连步以上。上于东阶，则先右足；上于西阶，则先左足。

帷薄之外不趋，堂上不趋，执玉不趋。堂上接武，堂下布武。室中不翔，并坐不横肱。授立不跪，授坐不立。

——《曲礼上第一》

君子之容舒迟，见所尊者齐邀。足容重，手容恭，目容端，口容止；声容静，头容直，气容肃，立容德，色容庄，坐如尸。燕居告温温。凡祭，容貌颜色如见所祭者。丧容累累，色容颠颠，视容瞿瞿梅梅，言容茧茧。戎容暨暨，言容詻詻，色容厉肃，视容清明。立容辨卑，毋谄，头颈必中。山立，时行，盛气颠实扬休，玉色。

——《玉藻第十三》

# 三、论饮食席间之礼与禁忌

奉席如桥衡。请席何乡，请衽何趾。席南乡北乡，以西方为上；东乡西乡，以南方为上。若非饮食之客，则布席席间函丈。主人跪正席，客跪抚席而辞。客彻重席，主人固辞。客践席，乃坐。主人不问，客不先举。

将即席，容毋怍，两手抠衣，去齐尺。衣毋拨，足毋蹶。先生书策琴瑟在前，坐而迁之，戒勿越。虚坐尽后，食坐尽前。坐必安，执尔颜。长者不及，毋儳言。正尔容，听必恭。毋剿说，毋雷同。必则古昔，称先王。

侍坐于先生，先生问焉，终则对。请业则起，请益则起。父召无诺，先生召无诺，唯而起。

侍坐于所尊敬，毋余席，见同等不起。烛至起，食至起，上客起。烛不见跋。尊客之前不叱狗。让食不唾。

侍坐于君子，君子欠伸，撰杖屦，视曰蚤莫，侍坐者请出矣。

侍坐于君子问更端，则起而对。侍坐于君子，若有告者曰："少闲，愿有复也。"则左右屏而待。

毋侧听，毋噭应，毋淫视，毋怠荒。游毋倨，立毋跛，坐毋箕，寝毋伏。敛发毋髢，冠毋免，劳毋袒，暑毋褰裳。

侍坐于长者，屦不上于堂，解屦不敢当阶。就屦，跪而举之，屏于侧。乡长者而屦，跪而迁屦，俯而纳屦。

离坐离立，毋往参焉。离立者，不出中间。

凡尽食之礼，左殽右胾，食居人之左，羹居人之右，脍炙处外，醯酱处内，葱渫处末，酒浆处右。以脯修置者，左朐右末。

客若降等，执食兴辞，主人兴辞于客，然后客坐。主人延客祭，祭食，祭所先进，殽之序，遍祭之。三饭，主人延客食胾，然后辩殽。主人未辩，客不虚口。

侍食于长者，主人亲馈，则拜而食；主人不亲馈，则不拜而食。共食不饱，共饭不泽手。毋抟饭，毋放饭，毋流歠，毋咤食，毋啮骨，毋反鱼肉，毋投与狗骨，毋固获，毋扬饭，饭黍毋以箸，毋嚃羹。毋絮羹，毋刺齿，毋歠醢。客絮羹，主人辞不能烹，客歠醢，主人辞以窭。濡肉齿决，干肉不齿决。毋嘬炙。卒食，客自前跪，彻饭齐以授相者，主人兴辞于客，然后客坐。

侍饮于长者，酒进则起，拜受于尊所，长者辞，少者反席而饮。长者举未釂，少者不敢饮。

长者赐，少者、贱者不敢辞。赐果于君前，其有核者怀其核。御食于君，君赐余，器之溉者不写，其余皆写。

——《曲礼上第一》

燕侍食于君子，则先饭而后已，毋放饭，毋流歠，小饭而亟之，数噍，毋为口容。客自彻，辞焉则止。

客爵居左，其饮居右。介爵、酢爵、僎爵皆居右。

羞濡鱼者进尾，冬右腴，夏右鳍，祭膴。

凡赞，执之以右，居之于左。

赞币自左，诏辞自右。

酌尸之仆，如君之仆。其在车则左执辔，右受爵，祭左右轨、范，乃饮。

凡羞有俎者，则于俎内祭。

君子不食圂腴。

小子走而不趋，举爵则坐祭立饮。

凡洗必盥。

牛羊之肺，离而不提心。

凡羞有湆者，不以齐。

君子择葱薤，则绝其本末。

尊者以酌者之左为上尊。尊壶者面其鼻。

牛与羊、鱼之腥，聂而切之为脍。麋鹿为菹，野豕为轩，皆聂而不切。麕为辟鸡，兔为宛脾，皆聂而切之。切葱若薤实之，醯以柔之。

——《少仪第十七》

# 四、论人子孝亲之礼

凡为人子之礼，冬温而夏清，昏定而晨省，在丑夷不争。夫为人子者，三赐不及车马。故州闾乡党称其孝也，兄弟亲戚称其慈也，僚友称其弟也，执友称其仁也，交游称其信也。

见父之执，不谓之进不敢进，不谓之退不敢退，不问不敢对，此孝子之行也。

夫为人子者，出必告，反必面；所游必有常，所习必有业，恒言不称老。

年长以倍，则父事之；十年以长，则兄事之；五年以长，则肩随之。群居五人，则长者必异席。

为人子者，居不主奥，坐不中席，行不中道，立不中门，食飨不为槩，祭祀不为尸，听于无声，视于无形，不登高，不临深，不苟訾，不苟笑。孝子不服暗，不登危，惧辱亲也。父母存，不许友以死。不有私财。

为人子者，父母存，冠衣不纯素。孤子当室，冠衣不纯采。

父母有疾，冠者不栉，行不翔，言不惰，琴瑟不御，食肉不至变味，饮酒不至变貌，笑不至矧，怒不至詈。疾止复故。

有忧者侧席而坐，有丧者专席而坐。

——《曲礼上第一》

君有疾，饮药，臣先尝之。亲有疾，饮药，子先尝之。医不三世，不服其药。

——《曲礼下第二》

父命呼，唯而不诺，手执业则投之，食在口则吐之，走而不趋。亲老，出不易方，复不过时。亲瘵，色容不盛。此孝子之疏节也。父没而不能读父之书，手泽存焉尔。母没而杯圈不能饮焉，口泽之气存焉尔。

——《玉藻第十三》

# 五、论男女有别夫妇婆媳之礼

男女不杂坐，不同椸枷，不同巾栉，不亲授。嫂叔不通问，诸母不漱裳。

外言不入于梱，内言不出于梱。女子许嫁，缨，非有大故，不入其门。姑、姊、妹、女子子已嫁而反，兄弟弗与同席而坐，弗与同器而食。父子不同席。

男女非有行媒，不相知名；非受币，不交不亲。故日月以告君，齐戒以告鬼神，为酒食以召乡党僚友，以厚其别也。取妻不取同姓，故买妾不知其姓则卜之。寡妇之子，非有见焉，弗与为友。

贺取妻者曰："某子使某，闻子有客，使某羞。"贫者不以货财为礼，老者不以筋力为礼。

名子者不以国，不以日月，不以隐疾，不以山川。

男女异长。男子二十，冠而字。父前子名，君前臣名。女子许嫁，笄而字。

父不祭子，夫不祭妻。

——《曲礼上第一》

男不言内，女不言外。非祭非丧，不相授器。其相授，则女受以篚。其无篚。则皆坐奠之而后取之。外内不共井，不共湢浴，不通寝席，不通乞假。男女不通衣裳。内言不出，外言不入。男子入内，不啸不指，夜行以烛，无烛则止。女子出门，必拥蔽其面，夜行以烛，无烛则止。道路，男子由右，女子由左。

——《内则第十三》

国昭子之母死，问于子张曰："葬及墓，男子、妇人安位"子张曰："司徒敬子之丧，夫子相，男子西乡，妇人东乡。"曰："噫！毋！"曰："我丧也斯沾。尔专之，宾为宾焉，主为主焉，妇人从男子皆西乡。"

——《檀弓上第三》

子妇孝者敬者，父母、舅姑之命勿逆勿怠。若饮食之，虽不耆，必尝而待；加之衣服，虽不欲，必服而待。加之事，人待之，己虽弗欲，姑与之而姑使之，而后复之。

子妇有勤劳之事，虽甚爱之，姑纵之，而宁数休之。子妇未孝未敬，勿庸疾怨，姑教之。若不可教，而后怒之；不可怒，子放妇出而不表礼焉。

父母有过，下气怡色柔声以谏。谏若不说，起敬起孝，说则复谏；不说，与其得罪于乡党州闾，宁孰谏。父母怒，不说，而挞之流血，不敢疾怨，起敬起孝。

父母虽没，将为善，思贻父母令名，必果；将为不善，思贻父母羞辱，必不果。

舅没则姑老，冢妇所祭祀、宾客，每事必请于姑，介妇请于冢妇。舅姑使冢妇，毋怠、不友无礼于介妇。舅姑若使介妇，毋敢敌耦于冢妇，不敢并行，不敢并命，不敢并坐。

凡妇，不命适私室不敢退。妇将有事，大小必请于舅姑。子妇无私货，无私畜，无私器，不敢私假，不敢私与。妇，或赐之饮食、衣服、布帛、佩帨、茝兰，则受而献诸舅姑。舅姑受之，则喜，如新受赐；若反赐之，则辞，不得命，如更受赐，藏以待乏。妇若有私亲兄弟，将与之，则必复请其故，赐而后与之。

——《内则第十二》

013

礼始于谨夫妇。为宫室，辨外内，男子居外，女子居内。深宫固门，阍寺守之，男不入，女不出。

男女不同椸枷。不敢悬于夫之楎椸，不敢藏于夫之箧笥，不敢共湢浴。夫不在，敛枕箧，簟席襡器而藏之。少事长，贱事贵，咸如之。

夫妇之礼，唯及七十，同藏无间。故妾虽老，年未满五十，必与五日之御。

妻将生子，及月辰，居侧室。夫使人日再问之。作而自问之，妻不敢见，使姆衣服而对。至于子生，夫复使人日再问之。夫斋则不入侧室之门。

子生，男子设弧于门左，女子设帨于门右。三日，始负子，男射，女否。

——《内则第十二》

# 六、论教子之礼

子能食食，教以右手；能言，男唯女俞。男鞶革，女鞶丝。

六年，教之数与方名。七年，男女不同席，不共食。八年，出入门户及即席饮食，必后长者，始教之让。九年，教之数日。十年，出就外傅，居宿于外，学书计，衣不帛襦裤，礼帅初，朝夕学幼仪，请肄简谅。十有三年，学《乐》，诵《诗》。舞《勺》。成童，舞《象》，学射御。二十而冠，始学《礼》，可以衣裘帛，舞《大夏》，惇行孝弟，博学不教，内而不出。三十而有室。始理男事，博学无方，孙友视志。四十始仕，方物出谋发虑，道合则服从，不可则去。五十命为大夫，服官政。七十致事。凡男拜，尚左手。

女子十年不出，姆教婉娩听从，执麻枲，治丝茧，织纴组紃，学女事以共衣服，观于祭祀，纳酒浆笾豆菹醢，礼相助奠。十有五年而笄，二十而嫁，有故，二十三年而嫁。聘则为妻。奔则为妾。凡女拜，尚右手。

——《内则第十二》

015

# 七、论出境去国之礼

君所无私讳，大夫之所有公讳。诗书不讳，临文不讳，庙中不讳。夫人之讳，虽质君之前，臣不讳也。妇讳不出门。大功、小功不讳。

入境而问禁，入国而问俗，入门而问讳。

——《曲礼上第一》

大夫、士（被流放）去国，祭器不逾境，大夫寓祭器于大夫，士寓祭器于士。大夫、士去国，逾境，为坛位，乡国而哭。

士有献于国君，他日，君问之曰："安取彼？"再拜稽首而后对。大夫私行出疆，必请。反必有献。士私行出疆，必请，反必告。君劳之，则拜；问其行，拜而后对。

国君去其国，止之曰："奈何去社稷也！"大夫，曰："奈何去宗庙也！"士，曰："奈何去坟墓也！"

国君死社稷，大夫死众，士死制。

——《曲礼下第二》


子路去鲁，谓颜渊曰："何以赠我？"

曰："吾闻之也，去国则哭于墓而后行，反其国不哭，展墓而入。"

谓子路曰："何以处我？"子路曰："吾闻之也，过墓则式，过祀则下。"

——《檀弓下第四》

# 八、论称谓有别之礼

君天下，曰"天子"。朝诸侯，分职授政任功，曰"予一人"。践阼，临祭祀，内事曰"孝王某"，外事曰"嗣王某"。临诸侯，畛于鬼神，曰"有天王某甫"。崩，曰"天王崩"。复，曰"天子复矣"。告丧，曰"天王登假"。措之庙，立之主，曰"帝"。天子未除丧，曰"予小子"。生名之，死亦名之。

天子有后，有夫人，有世妇，有嫔，有妻，有妾。

天子建天官，先六大，曰大宰、大宗、大史、大祝、大士、大卜，典司六典。天子之五官，曰司徒、司马、司空、司士、司寇，典司五众。天子之六府，曰司土、司木、司水、司草、司器、司货，典司六职。天子之六工，曰土工、金工、石工、木工、兽工、草工，典制六材。五官致贡曰享。

五官之长曰伯，是职方。其摈于天子也，曰"天子之吏"。天子同姓，谓之"伯父"。异姓，谓之"伯舅"。自称于诸侯，曰

"天子之老"，于外曰"公"，于其国曰"君"。

九州之长，入天子之国，曰"牧"。天子同姓，谓之"叔父"；异姓，谓之"叔舅"。于外曰"候"，于其国曰"君"。其在东夷、北狄、西戎、南蛮，虽大曰"子"。于内自称曰"不谷"，于外自称曰"王老"。庶方小侯，入天子之国，曰"某人"，于外曰"子"，自称曰"孤"。

天子当依而立，诸侯北面而见天子，曰"觐"。天子当宁而立，诸公东面，诸侯西面，曰"朝"。诸侯未及期相见，曰"遇"；相见于郤地，曰"会"；诸侯使大夫问于诸侯，曰"聘"。约信曰"誓"，莅牲曰"盟"。

诸侯见天子曰"臣某侯某"。其与民言，自称曰"寡人"。其在凶服，曰"适子孤"。临祭祀，内事曰"孝子某侯某"，外事曰"曾孙某侯某"。死曰"薨"，复曰"某甫复矣"。既葬，见天子，曰"类见"，言谥曰"类"。诸侯使人使于诸侯，使者自称曰"寡君之老"。

天子穆穆，诸侯皇皇，大夫济济，士跄跄，庶人僬僬。

天子之妃曰"后"，诸侯曰"夫人"，大夫曰"孺人"，士曰"妇人"，庶人曰"妻"。公侯有夫人，有世妇，有妻，有妾。

夫人自称于天子，曰"老妇"；自称于诸侯，曰"寡小君"；自称于其君，曰"小童"。自世妇以下，自称曰"婢子"。

　　子于父母则自名也。


　　列国之大夫，入天子之国曰某士；自称曰陪臣某。于外曰"子"，于其国曰"寡君之老"。

　　使者自称曰某。


　　天子死曰崩，诸侯曰薨，大夫曰卒，士曰不禄，庶人曰死。在床曰尸，在棺曰柩。羽鸟曰降，四足曰渍。死寇曰兵。

　　祭王父曰皇祖考，王母曰皇祖妣。父曰皇考，母曰皇妣，夫曰皇辟。生曰父，曰母，曰妻；死曰考，曰妣，曰嫔。寿考曰卒，短折曰不禄。

——《曲礼下第二》

# 九、论臣、子谏君亲之礼

为人臣之礼，不显谏，三谏而不听，则逃之。子之事亲也，三谏而不听，则号泣而随之。

——《曲礼下第二》

为人臣下者，有谏而无讪，有亡而无疾，颂而无谄，谏而无骄，怠则张而相之，废则扫而更之，谓之社稷之役。

——《少仪第十七》

父母有过，下气怡色，柔声以谏。谏者不入，起敬起孝。说则复谏；不说，与其得罪于乡党州闾，宁孰谏。父母怒，不说，而挞之流血，不敢疾怨，起敬起孝。

——《内则第十二》

知悼子卒，未葬。平公饮酒，师旷、李调侍，鼓钟。

杜蒉自外来，闻钟声，曰："安在？"曰："在寝。"杜蒉入寝，历阶而升，酌，曰："旷饮斯。"又酌，曰："调饮斯。"又酌，堂上北面坐饮之，降，趋而出。

平公呼而进之，曰："蒉！曩者尔心或开予，是以不与尔言。尔饮旷何也"曰："子卯不乐。知悼子在堂，斯其为子卯也大矣。旷也，大师也，不以诏，是以饮之也。"

"尔饮调何也"曰："调也，君之亵臣也，为一饮一食忘君之疾，是以饮之也。"

"尔饮何也"曰："蒉也，宰夫也，非刀匕是共，又敢与知防，是以饮之也。"

平公曰："寡人亦有过焉，酌而饮寡人。"杜蒉洗而扬觯。公谓侍者曰："如我死，则必无废斯爵也。"

至于今，既毕献，斯扬觯，谓之"杜举"。

——《檀弓下第四》

# 十、曾子论孝哀之礼

曾子曰："朋友之墓有宿草，而不哭焉。"

穆公之母卒，使人问于曾子曰："如之何？"对曰："申也闻诸申之父曰：'哭泣之哀，斋斩之情，饘粥之食，自天子达。布幕，卫也；缲幕，鲁也。'"

曾子寝疾，病。乐正子春坐于床下，曾元、曾申坐于足，童子隅坐而执烛。

童子曰："华而睆，大夫之箦与？"子春曰："止！"曾子闻之，瞿然曰："呼！"曰："华而睆，大夫之箦与？"曾子曰："然。斯季孙之赐也，我未之能易也。元，起易箦。"曾元曰："夫子之病革矣，不可以变。幸而至于旦，请敬易之"。曾子曰："尔之爱我也不如彼。君子之爱人也以德，细人之爱人也以姑息。吾何求哉？吾得正而毙焉，斯已矣。"

举扶而易之，反席未安而没。

始死，充充如有穷；既殡，瞿瞿如有求而弗得；既葬，皇皇如有望而弗至。练而慨然，祥而廓然。

曾子曰："始死之奠，其余阁也与"

曾子曰："小功不为位也者，是委巷之礼也。子思之哭嫂也为位，妇人倡踊。申祥之哭言思也亦然。"

古者冠缩缝，今也衡缝。故丧冠之反古，非古也。

曾子谓子思曰："伋！吾执亲之丧也，水浆不入于口者七日。"子思曰："先王之制礼也，过之者俯而就之，不至焉者跂而及之。故君子之执亲之丧也，水浆不入于口者三日，杖而后能起。"

曾子曰："小功不税，则是远兄弟终无服也，而可乎"

弁人有其母死而孺子泣者，孔子曰："哀则哀矣，而难为继也。夫礼，为可传也，为可继也，故哭踊有节。"

曾子曰："丧有疾，食肉饮酒，必有草木之滋焉。"以为姜桂之谓也。

子夏丧其子而丧其明。曾子吊之，曰："吾闻之也，朋友丧明则哭之。"曾子哭。子夏亦哭，曰："天乎！予之无罪也。"

曾子怒曰："商！女何无罪也？吾与女事夫子于洙泗之间，退而老于西河之上，使西河之民疑女于夫子，尔罪一也。丧尔亲，使民未有闻焉，尔罪二也。丧尔子，丧尔明，尔罪三也。而曰女何无罪与？"

子夏投其杖而拜，曰："吾过矣！吾过矣！吾离群而索居亦已久矣。"

夫昼居于内，问其疾可也；夜居于外，吊之可也。是故君子非有大故，不宿于外；非致斋也，非疾也，不昼夜居于内。

曾子吊于负夏，主人既祖，填池，推柩而反之，降妇人而后行礼。从者曰："礼与？"曾子曰："夫祖者且也。且，胡为其不可以反宿也？"从者又问诸子游曰："礼与？"子游曰："饭于牖下，小敛于户内，大敛于阼，殡于客位，祖于庭，葬于墓，所以即远也。故丧事有进而无退。"曾子闻之曰："多矣乎予出祖者。"

曾子袭裘而吊，子游裼裘而吊。曾子指子游而示人曰："夫夫也，为习于礼者，如之何其裼裘而吊也。"主人既小敛，袒，括发，子游趋而出，袭裘带绖而入。曾子曰："我过矣！我过矣！夫夫是也。"

曾子与客立于门侧，其徒趋而出。曾子曰："尔将何之？"曰："吾父死，将出哭于巷。"曰："反哭于尔次。"曾子北面而吊焉。

孔子曰："之死而致死之，不仁而不可为也；之死而致生之，不知而不可为也。是故竹不成用，瓦不成味，木不成斫，琴瑟张而不平，竽笙备而不和，有钟磬而无簨虡。其曰明器，神明之也。"

有子问于曾子曰："问丧于夫子乎？"曰："闻之矣，丧欲速贫，死欲速朽。"有子曰："是非君子之言也。"曾子曰："参也闻诸夫子也。"有子又曰："是非君子之言也。"曾子曰："参也与子游闻之。"有子曰："然。然则夫子有为言之也。"

曾子以斯言告于子游。子游曰："甚哉！有子之言似夫子也。昔者夫子居于宋，见桓司马自为石椁，三年而不成。夫子曰：'若是其靡也，死不如速朽之愈也。'死之欲速朽，为桓司马言之也。南宫敬叔反，必载宝而朝。夫子曰：'若是其货也，丧不如速贫之愈也。'丧之欲速贫，为敬叔言之也。"

曾子以子游之言告于有子，有子曰："然。吾固曰非夫子之言也。"曾子曰："子何以知之"有子曰："夫子制于中都，四寸之棺，五寸之椁，以斯知不欲速朽也。昔者夫子失鲁司寇，将之荆，盖先之以子夏，又申之以冉有，以斯知不欲速贫也。"

仲宪言于曾子曰："夏后氏用明器，示民无知也。殷人用祭器，示民有知也。周人兼用之，示民疑也。"曾子曰："其不然乎！其不然乎！夫明器，鬼器也。祭器，人器也。夫古之人胡为而死其亲乎"

公叔木有同母异父之昆弟死，问于子游。子游曰："其大功乎！"

狄仪有同母异父之昆弟死，问于子夏。子夏曰："我未之前闻也。鲁人则为之斋衰。"狄仪行斋衰。今之斋衰，狄仪之间也。

子思之母死于卫，柳若谓子思曰："子，圣人之后也。四方於子乎观礼，子盖慎诸。"子思曰："吾何慎哉！吾闻之，有其礼，无其财，君子弗行也；有其礼，有其财，无其时，君子弗行也。吾何慎哉？"

县子琐曰："吾闻之，古者不降，上下各以其亲。滕伯文为孟虎斋衰，其毁父也；为孟皮斋衰，其叔父也。"

后木曰："丧，吾闻诸县子曰：夫丧，不可不深长思也，买棺外内易，我死则亦然。"

曾子曰："尸未设饰，故帷堂，小敛而彻帷。"仲梁子曰："夫妇方乱，故帷堂，小敛而彻帷。"

小敛之奠，子游曰："于东方。"曾子曰："于西方，敛斯席矣。"小敛之奠在西方，鲁礼之末失也。

——《檀弓上第三》

有殡，闻远兄弟之丧，哭于侧室。无侧室，哭于门内之右；同国则往哭之。

子张死，曾子有母之丧，斋衰而往哭之。或曰："斋衰不以吊。"曾子曰："我吊也与哉！"

哀公使人吊蒉尚，遇诸道，辟于路，画宫而受吊焉。

曾子曰："蒉尚不如杞梁之妻之知礼也。齐庄公袭莒于夺，杞梁死焉。其妻迎其柩于路而哭之哀。庄公使人吊之。对曰：'君之臣不免于罪，则将肆诸市朝，而妻妾执。君之臣免于罪，则有先人之敝庐在，君无所辱命。'"

——《檀弓下第四》

曾子曰："孝子之养老也，乐其心，不违其志，乐其耳目，安其寝处，以其饮食忠养之，孝子之身终。终身也者，非终父母之身，终其身也。是故父母之所爱亦爱之，父母之所敬亦敬之。至于犬马尽然，而况于人乎！"

——《内则第十二》

曾申问于曾子曰："哭父母有常声乎"。曾子曰："中路婴儿失其母焉，何常声之有？"

——《杂记下第二十一》

曾子曰："孝有三：大孝尊亲，其次弗辱，其下能养。"公明仪问于曾子曰："夫子可以为孝乎"曾子曰："是何言与！是何言与！君子之所为孝者，先意承志，谕父母于道。参直养者也，安能为孝乎"

曾子曰："身也者，父母之遗体也。行父母之遗体，敢不敬乎居处不庄，非孝也。事君不忠，非孝也。莅官不敬，非孝也。朋友不信，非孝也。战阵无勇，非孝也。五者不遂，灾及于亲，敢不敬乎！亨孰膻芗，尝而荐之，非孝也，养也。君子之所谓孝也者，国人称愿，然曰'幸哉有子'，如此，所谓孝也已。众之本教曰孝，其行曰养。养可能也，敬为难；敬可能也，安为难；安可能也，卒为难。父母既没，慎行其身，不遗父母恶名，可谓能终矣。仁者，仁此者也。礼者，履此者也。义者，宜此者也。信者，信此者也。强者，强此者也。乐自顺此生，刑自反此作。"

曾子曰："夫孝，置之而塞乎天地，溥之而横乎四海，施诸后世而无朝夕，推而放诸东海而准，推而放诸西海而准，推而放诸南海而准，推而放诸北海而准。《诗云》：'自西自东，自南自北，无思不服。'此之谓也。"

曾子曰："树木以时伐焉，禽兽以时杀焉。夫子曰：'断一树，杀一兽，不以其时，非孝也。'孝有三：小孝用力，中孝用劳，大孝不匮。思慈爱忘劳，可谓用力矣。尊仁安义，可谓用劳矣。博施备物，可谓不匮矣。父母爱之，嘉而弗忘；父母恶之，惧而无怨；父母有过，谏而不逆；父母既没，必求仁者之粟以祀之。此之谓礼终。"

乐正子春下堂而伤其足，数月不出，犹有忧色。

门弟子曰："夫子之足瘳矣，数月不出，犹有忧色，何也？"

乐正子春曰："善如尔之问也！善如尔之问也！吾闻诸曾子，曾子闻诸夫子曰：'天之所生，地之所养，无人为大。父母全而生之，子全而归之，可谓孝矣。不亏其体，不辱其身，可谓全矣。'故君子顷步而弗敢忘孝也，今予忘孝之道，予是以有忧色也。一举足而不敢忘父母，一出言而不敢忘父母。一举足而不敢忘父母，是故道而不径，舟而不游，不敢以先父母之遗体行殆。一出言而不敢忘父母，是故恶言不出于口，忿言不反于身。不辱其身，不羞其亲，可谓孝矣。"

——《祭义第二十四》

# 十一、论晏子敬姜狐突子犯知礼

曾子曰："晏子可谓知礼也已，恭敬之有焉。"有若曰："晏子一狐裘三十年，遣车一乘，及墓而反；国君七个，遣车七乘；大夫五个，遣车五乘。晏子焉知礼？"

曾子曰："国无道，君子耻盈礼焉。国奢则示之以俭，国俭则示之以礼。"

帷殡，非古也，自敬姜之哭穆伯始也。

穆伯之丧，敬姜昼哭；文伯之丧，昼夜哭。孔子曰："知礼矣。"

文伯之丧，敬姜据其床而不哭，曰："昔者吾有斯子也，吾以将为贤人也，吾未尝以就公室。今及其死也，朋友、诸臣未有出涕者，而内人皆行哭失声。斯子也，必多旷于礼矣夫！"

季康子之母死，陈亵衣。敬姜曰："妇人不饰不敢见舅姑。将有四方之宾来，亵衣何为陈于斯？"命彻之。

晋献公之丧，秦穆公使人吊公子重耳，且曰："寡人闻之，亡国恒于斯，得国恒于斯。虽吾子俨然在忧服之中，丧亦不可久也，时亦不可失也。孺子其图之。"以告舅犯。

舅犯曰："孺子其辞焉。丧人无宝，仁亲以为宝。父死之谓何？又因以为利，而天下其孰能说之？孺子其辞焉。"公子重耳对客曰："君惠吊亡臣重耳，身丧父死，不得与于哭泣之哀，以为君忧。父死之谓何？或敢有他志，以辱君义。"稽颡而不拜，哭而起，起而不私。

子显以致命于穆公。穆公曰："仁夫公子重耳！夫稽颡而不拜，则未为后也，故不成拜。哭而起，则爱父也；起而不私，则远利也。"

——《檀弓下第四》

# 十二、论殷周二朝丧葬之礼

丧礼，哀戚之至也。节哀，顺变也，君子念始之者也。复，尽爱之道也，有祷祠之心焉。望反诸幽，求诸鬼神之道也；北面，求诸幽之义也，拜稽颡，哀戚之至隐也。稽颡，隐之甚也。饭用米、贝，弗忍虚也，不以食道，用美焉尔。铭，明旌也，以死者为不可别已，故以其旗识之。爱之，斯录之矣；敬之，斯尽其道焉耳。

重（木牌位），主道也。殷主缀重焉，周主重彻焉。奠以素器，以生者有哀素之心也。唯祭祀之礼，主人自尽焉尔，岂知神之所飨，亦以主人有斋敬之心也。

辟踊，哀之至也。有筭，为之节文也。袒、括发，变也。愠，哀之变也。去饰，去美也。袒、括发，去饰之甚也。有所袒，有所袭，哀之节也。弁绖葛而葬，与神交之道也，有敬心焉。周人弁而葬，殷人冔而葬。

歠主人、主妇、室老，为其病也，君命食之也。反哭升堂，反诸其所作也。主妇人于室，反诸其所养也。反哭之吊也，哀之至也。反而亡焉，失之矣，于是为甚。殷既封而吊，周反哭而吊。孔子曰："殷已悫，吾从周。"

葬于北方北首，三代之达礼也，直幽之故也。既封，主人赠，而祝宿虞户。既反哭，主人与有司视虞牲，有司以几筵舍奠于墓左，反，日中而虞。葬日虞，弗忍一日离也。是月也，以虞易奠。卒哭曰成事。是日也，以吉祭易丧祭，明日祔于祖父。其变而之吉祭也，比至于祔，必于是日也接，不忍一日末有所归也。殷练而祔，周卒哭而祔。孔子善殷。

君临臣丧，以巫祝桃茢执戈，恶之也，所以异于生也。丧有死之道焉，先王之所难也。丧之朝也，顺死者之孝心也。其哀离其室也，故至于祖考之庙而后行。殷朝而殡于祖，周朝而遂葬。

——《檀弓下第四》

# 十三、论柳庄君臣之礼与二陈氏以礼救殉

卫献公出奔，反于卫，及郊，将班邑于从者而后入。

柳庄曰："如皆守社稷，则孰执羁靮而从？如皆从，则孰守社稷？君反其国而有私也，毋乃不可乎？"弗果班。

卫有太史曰柳庄，寝疾。公曰："若疾革，虽当祭必告。"公再拜稽首请于尸曰："有臣柳庄也者，非寡人之臣，社稷之臣也。闻之死，请往。"不释服而往，遂以襚之，与之邑裘氏与县潘氏，书而纳诸棺曰："世世万子孙无变也。"

陈乾昔寝疾，属其兄弟而命其子尊己，曰："如我死，则必大为我棺，使吾二婢子夹我。"陈乾昔死，其子曰："以殉葬，非礼也，况又同棺乎！"弗果杀。

陈子车死于卫，其妻与其家大夫谋以殉葬。定而后陈子亢

至。以告曰："夫子疾，莫养于下，请以殉葬。"

子亢曰："以（人）殉葬，非礼也。虽然，则彼疾当养者孰若妻与宰？得已，则吾欲已；不得已，则吾欲以二子者之为之也。"于是弗果用。

——《檀弓下第四》

# 十四、论王制封建诸称谓常识及礼

王者之制禄爵，公、侯、伯、子、男，凡五等。诸侯之上大夫卿、下大夫、上士、中士、下士，凡五等。

天子之田方千里，公侯田方百里，伯七十里，子男五十里。不能五十里者，不合于天子，附于诸侯，曰附庸。天子之三公之田视公侯，天子之卿视伯，天子之大夫视子男，天子之元士视附庸。

凡四海之内九州，州方千里。州，建百里之国三十，七十里之国六十，五十里之国百有二十，凡二百一十国。名山大泽不以封，其余以为附庸、间田。八州，州二百一十国。天子之县内，方百里之国九，七十里之国二十有一，五十里之国六十有三，凡九十三国。名山大泽不以朌，其余以禄士，以为间田。凡九州，千七百七十三国。天子之元士、诸侯之附庸不与。

天子百里之内以共官，千里之内以为御。

千里之外设方伯。五国以为属，属有长。十国以为连，连有帅。三十国以为卒，卒有正。二百一十国以为州，州有伯。八州，八伯，五十六正，百六十八帅，三百三十六长。八伯各以其属属于天子之老二人，分天下以为左右，曰二伯。

千里之内曰甸，千里之外，曰采。曰流。

天子三公，九卿，三十七大夫，八十一元士。大国三卿，皆命于天子，下大夫五人，上士二十七人。

诸侯之于天子也，比年一小聘，三年一大聘，五年一朝。

天子五年一巡守。岁二月，东巡守，至于岱宗，柴而望祀山川，觐诸侯，问百年者就见之。命大师陈诗以观民风；命市纳贾，以观民之所好恶，志淫好辟；命典礼考时月，定日同律，礼乐、制度、衣服正之。山川神祇有不举者为不敬，不敬者君削以地；宗庙有不顺者为不孝，不孝者君绌以爵；变礼易乐者为不从，不从者君流；革制度衣服者为畔，畔者君讨；有功德于民者，加地进律。五月，南巡守，至于直岳，如东巡守之礼。八月，西巡守，至于西岳，如南巡守之礼。十有一月，北巡守，至于北岳，如巡守之礼。归假于祖祢，用特。

天子将出，类乎上帝，宜乎社，造乎祢。诸侯将出，宜乎社，造乎祢。

天子无事与诸侯相见，曰朝。考礼、正刑、一德，以尊于天子。天子赐诸侯乐，则以柷将之；赐伯子男乐，则以鼗将之。诸侯赐弓矢，然后征；赐斧钺，然后杀赐圭瓒，然后为鬯。未赐圭瓒，则资鬯于天子。

天子命之教，然后为学。小学在公宫南之左，大学在郊。天子曰辟雍，诸侯曰頖宫。

——《王制第五》

# 十五、论田猎杀牲禁忌之礼

君无故不杀牛，大夫无故不杀羊，士无故不杀犬、豕。君子远庖厨，凡有血气之类，弗身践也。至于八月不雨，君不举。年不顺成，君衣布搢本，关梁不租，山泽列而不赋，土功不兴，大夫不得造车马。

——《玉藻第十三》

国君春田不围泽，大夫不掩群，士不取麛卵。

岁凶，年谷不登，君膳不祭肺，马不食谷，驰道不除，祭事不县；大夫不食粱，士饮酒不乐。

——《曲礼下第二》

天子诸侯无事，则岁三田：一为乾豆，二为宾客，三为充君之庖。

无事而不田曰不敬，田不以礼曰暴天物。天子不合围，诸侯不掩群。天子杀则下大绥，诸侯杀则下小绥，大夫杀则止佐车。佐车止则百姓田猎。

獭祭鱼，然后虞人入泽梁；豺祭兽，然后田猎；鸠化为鹰，然后设罻罗；草木零落，然后入山林。

昆虫未蛰，不以火田。不麛，不卵，不杀胎，不殀夭，不覆巢。

天子犆礿，祫禘，祫尝，祫烝。诸侯礿则不禘，禘则不尝，尝则不烝，烝则不礿。诸侯礿犆，禘一犆一祫，尝祫，烝祫。

天子社稷皆大牢，诸侯社稷皆少牢。大夫、士宗庙之祭，有田则祭，无田则荐。庶人春荐韭，夏荐麦，秋荐黍，冬荐稻。韭以卵，麦以鱼，黍以豚，稻以雁。祭天地之牛角茧栗，宗庙之牛角握，宾客之牛角尺。诸侯无故不杀牛，大夫无故不杀羊，士无故不杀犬豕，庶人无故不食珍。庶羞不逾牲，燕衣不逾祭服，寝不逾庙。

——《王制第五》

# 十六、论天子丧祭与"中夷戎蛮狄"五方政教之礼

冢宰制国用，必于岁之杪。五谷皆入，然后制国用。用地小大，视年之丰耗，以三十年之通制国用，量入以为出。祭用数之仂。丧三年不祭，唯祭天地社稷，为越绋而行事。丧用三年之仂。丧祭，用不足曰暴，有余曰浩。祭，丰年不奢，凶年不俭。国无九年之蓄曰不足，无六年之蓄曰急，无三年之蓄曰国非其国也。三年耕必有一年之食，九年耕必有三年之食。以三十年之通，虽有凶旱水溢，民无菜色，然后天子食日举以乐。

天子七日而殡，七月而葬；诸侯五日而殡，五月而葬；大夫、士、庶人三日而殡，三月而葬。三年之丧，自天子达庶人。县封，葬不为雨止，不封不树。丧不贰事，自天子达于庶人。丧从死者，祭从生者。支子不祭。

天子七庙，三昭三穆，与太祖之庙而七。诸侯五庙，二昭

二穆，与太祖之庙而五。大夫三庙，一昭一穆，与大祖之庙而三。士一庙。庶人祭于寝。

天子、诸侯宗庙之祭，春曰礿，夏曰禘，秋曰尝，冬曰烝。

天子祭天地，诸侯祭社稷，大夫祭五祀。天子祭天下名山大川，五岳视三公，四渎视诸侯。诸侯祭名山大川之在其地者。天子、诸侯祭因国之在其地而无主后者。

古者，公田藉而不税。市，廛而不税。关，稽而不征，林麓川泽以时入而不禁，夫圭田无征，用民之力，岁不过三日，田里不粥，墓地不请。

司空执度度地，居民山川沮泽，时四时，量地远近，兴事任力。凡使民，任老者之事，食壮者之食。

凡居民材，必因天地寒暖燥湿。广谷大川异制，民生其间者异俗，刚柔、轻重、迟速异齐，五味异和，器械异制，衣服异宜。修其教，不易其俗；齐其政，不易其宜。

中国戎夷五方之民，皆有其性也，不可推移。东方曰夷，被髪文身，有不火食者矣。南方曰蛮，雕题交趾。有不火食者矣。西方曰戎，被髪衣皮，有不粒食者矣。北方曰狄，衣羽毛穴居，有不粒食者矣。中国、夷、蛮、戎、狄，皆有安居、和味、宜服、利用、备器。五方之民，言语不通，嗜欲不同。达其志，通其欲，东方曰寄，南方曰象，西方曰狄鞮，北方曰译。

凡居民，量地以制邑，度地以居民。地、邑、民居，必参相得也。无旷土，无游民，食节事时，民咸安其居，乐事劝功，尊君亲上，然后兴学。

司徒修六礼以节民性，明七教以兴民德，齐八政以防淫，一道德以同俗，养耆老以致孝，恤孤独以逮不足，上贤以崇德，简不肖以绌恶。

命乡简不帅教者以告，耆老皆朝于庠，元日，习射上功，习乡上齿，大司徒帅国之俊士与执事焉。不变，命国之右乡简不帅教者移之左，命国之左乡简不帅教者移之右，如初礼。不变，移之郊，如初礼。不变，移之遂，如初礼。不变，屏之远方，终身不齿。

命乡论秀士，升之司徒，曰选士。司徒论选士之秀者而升之学，曰俊士。升于司徒者不征于乡，升于学者不征于司徒，曰造士。乐正崇四术，立四教，顺先王《诗》《书》《礼》《乐》以造士，春秋教以《礼》《乐》，冬夏教以《诗》《书》。王大子，王子，群后之大子，卿、大夫、元士之适子，国之俊选，皆造焉。凡入学以齿。

将出学，小胥、大胥、小乐正简不帅教者，以告于大乐正，大乐正以告于王，王命三公、九卿、大夫、元士皆入学。不变，王亲视学。不变，王三日不举，屏之远方，西方曰棘，东方曰寄，终身不齿。

大乐正论造士之秀者以告于王，而升诸司马，曰进士。司马辨论官材，论进士之贤者以告于王，而定其论。论定然后官之，任官然后爵之，位定然后禄之。

六礼：冠、昏、丧、祭、乡、相见。七教：父子、兄弟、夫妇、君臣、长幼、朋友、宾客。八政：饮食、衣服、事为、异别、度、量、数、制。

——《王制第五》

# 十七、论舜帝三王之世敬养老人之礼

凡养老，有虞氏以燕礼，夏后氏以飨礼，殷人以食礼，周人修而兼用之。

五十养于乡，六十养于国，七十养于学，达于诸侯。八十拜君命，一坐再至，瞽亦如之；九十使人受。

五十异粮，六十宿肉，七十贰膳，八十常珍，九十饮食不离寝，膳饮从于游可也。

六十岁制，七十时制，八十月制，九十日修。唯绞、紟、衾、冒，死而后制。

五十始衰，六十非肉不饱，七十非帛不暖，八十非人不暖，九十虽得人不暖矣。

五十杖于家，六十杖于乡，七十杖于国，八十杖于朝，九十者，天子欲有问焉，则就其室，以珍从。

七十不俟朝，八十日告存，九十日有秩。

五十不从力政，六十不与服戎，七十不与宾客之事，八十斋丧之事弗及也。

五十而爵，六十不亲学，七十致政，唯衰麻为丧。

有虞氏养国老于上庠，养庶老于下庠；夏后氏养国老于东序，养庶老于西序；殷人养国老于右学，养庶老于左学；周人养国老于东郊，养庶老于虞庠。虞庠在国之西郊。

有虞氏皇而祭，深衣而养老；夏后氏收而祭，燕衣而养老；殷人冔而祭，缟衣而养老；周人冕而祭，玄衣而养老。

凡三王养老，皆引年。八十者，一子不从政；九十者，其家不从政；废疾非人不养者，一人不从政；父母之丧，三年不从政；齐衰、大功之丧，三月不从政；将徙于诸侯，三月不从政；自诸侯来徙家，期不从政。

少而无父者谓之孤，老而无子者谓之独，老而无妻者谓之矜，老而无夫者谓之寡。此四者，天民之穷而无告者也，皆有常饩。瘖、聋、跛、躃、断者、侏儒，百工各以其器食之。

道路，男子由右，妇人由左，车从中央。父之齿随行，兄之齿雁行，朋友不相逾。轻任并，重任分，斑白者不提挈。君子耆老不徒行，庶人耆老不徒食。

——《王制第五》

# 十八、论四时十二月所当行诸礼

## 正　月

孟春之月，日在营室，昏参中，旦尾中。其日甲乙。其帝太皞，其神句芒。其虫鳞。其音角，律中大蔟。其数八。其味酸，其臭膻。其祀户，祭先脾。

东风解冻，蛰虫始振，鱼上冰，獭祭鱼，鸿雁来。天子居青阳左个，乘鸾路，驾苍龙，载青旗，衣青衣，服苍玉，食麦与羊，其器疏以达。

是月也，以立春。先立春三日，太史谒之天子曰："某日立春，盛德在木。"天子乃斋。立春之日，天子亲帅三公、九卿、诸侯、大夫以迎春于东郊。还反，赏公卿、诸侯、大夫于朝。命相布德和令，行庆施惠，下及兆民。庆赐遂行，毋有不当。乃命太史守典奉法，司天日月星辰之行，宿离不贷，毋失经纪，以初为常。

是月也，天子乃以元日祈谷于上帝。乃择元辰，天子亲载耒耜，措之参保介之御间，帅三公、九卿、诸侯、大夫躬耕帝藉。天子三推，三公五推，卿诸侯九推。反，执爵于大寝，三公、九卿、诸侯、大夫皆御，命曰劳酒。

是月也，天气下降，地气上腾，天地和同，草木萌动。王命布农事，命田舍东郊，皆修封疆，审端经术，善相丘陵、阪险、原隰土地所宜，五谷所殖，以教道民，必躬亲之。田事既饬，先定准直，农乃不惑。

是月也，命乐正入学习舞。乃修祭典，命祀山林川泽牺牲毋用牝。禁止伐木。毋覆巢，毋杀孩虫、胎、夭、飞鸟，毋麑，毋卵。毋聚大众，毋置城郭。掩骼埋胔。

是月也，不可以称兵，称兵必天殃。兵戎不起，不可从我始。毋变天之道，毋绝地之理，毋乱人之纪。

孟春行夏令，则雨水不时，草木早落，国时有恐；行秋令，则其民大疫，猋风暴雨总至，藜莠蓬蒿并兴；行冬令，则水潦为败，雪霜大挚，首种不入。

# 二 月

仲春之月，日在奎，昏弧中，旦建星中。其日甲乙。其帝太皞，其神壁。其虫鳞。其音角，律中夹钟。其数八。其味酸，其臭膻。

其祀户，祭先脾。始雨水，桃始华，仓庚鸣，鹰化为鸠。

天子居青阳大庙，乘鸾路，驾苍龙，载青旗，衣青衣，服苍玉，食麦与羊，其器疏以达。

是月也，安萌芽，养幼少，存诸孤。择元日，命民社。命有司省囹圄，去桎梏，毋肆掠，止狱讼。

是月也，玄鸟至。至之日，以大牢祠于高禖，天子亲往，后妃帅九嫔御。乃礼天子所御，带以弓韣，授以弓矢，于高禖之前。

是月也，日夜分。雷乃发声，始电，蛰虫咸动，启户始出。先雷三日，奋木铎以令兆民曰："雷将发声，有不戒其容止者，生子不备，必有凶灾。"日夜分，则同度量，钧衡石，角斗甬，正权概。

是月也，耕者少舍。乃修阖扇，寝庙毕备。毋作大事以妨农之事。

是月也，毋竭川泽，毋漉陂池，毋焚山林。天子乃鲜羔开冰，先荐寝庙。上丁，命乐正习舞，释菜。天子乃帅三公、九卿、诸侯、大夫亲往视之。仲丁，又命乐正入学，习舞。

是月也，祀不用牺牲，用圭璧，更皮币。

仲春行秋令，则其国大水，寒气揔至，寇戎来征；行冬令，则阳气不胜，麦乃不熟，民多相掠；行夏令，则国乃大旱，暖气早来，虫螟为害。

# 三　月

季春之月，日在胃，昏七星中，旦牵牛中。其日甲乙。其帝太皞，其神句芒。其虫鳞。其音角，律中姑洗。其数八。其味酸，其臭膻。其祀户，祭先脾。

桐始华，田鼠化为鴽，虹始见，萍始生。天子居青阳右个，乘鸾路，驾苍龙，载青旗，衣青衣，服苍玉，食麦与羊，其器疏以达。

是月也，天子乃荐鞠衣于先帝。命舟牧覆舟，五覆五反，乃告舟备具于天子焉。天子始乘舟，荐鲔于寝庙，乃为麦祈实。

是月也，生气方盛，阳气发泄，句者毕出，萌者尽达，不可以内。天子布德行惠，命有司发仓廪，赐贫穷，振乏绝；开府库，出币帛，周天下；勉诸侯，聘名士，礼贤者。

是月也，命司空曰："时雨将降，下水上腾，循行国邑，周视原野，修利堤防，道达沟渎，开通道路，毋有障塞。田猎罝罘、罗网、毕翳、餧兽之药，毋出九门。"

是月也，命野虞毋伐桑柘。鸣鸠拂其羽，戴胜降于桑，具曲、植、籧、筐。后妃斋戒，亲东乡躬桑。禁妇女毋观，省妇使，以劝蚕事。蚕事既登，分茧称丝效功，以共郊庙之服，无有敢惰。

是月也，命工师，令百工，审五库之量，金、铁、皮、革、筋、角、齿、羽、箭、干、脂、胶、丹、漆，毋或不良。百工咸理，监工日号，毋悖于时，毋或作为淫巧，以荡上心。

是月之末，择吉日大合乐，天子乃率三公、九卿、诸侯、大夫亲往视之。

是月也，乃合累牛腾马，游牝于牧。牺牲、驹、犊、举书其数。命国难，九门磔攘，以毕春气。

季春行冬令，则寒气时发，草木皆肃，国有大恐；行夏令，则民多疾疫，时雨不降，山林不收；行秋令，则天多沉阴，淫雨早降，兵革并起。

# 四 月

孟夏之月，日在毕，昏翼中，旦婺女中。其日丙丁。其帝炎帝，其神祝融。其虫羽。其音征，律中中吕。其数七。其味苦，其臭焦。其祀灶，祭先肺。

蝼蝈鸣，蚯蚓出，王瓜生，苦菜秀。天子居明堂左个，乘朱路，驾赤骝，载赤旗，衣朱衣，服赤玉，食菽与鸡，其器高以粗。

是月也，以立夏。先立夏三日，太史谒之天子曰："某日立夏，盛德在火。"天子乃斋。立夏之日，天子亲帅三公、九卿、大夫以迎夏于南郊。还反，行赏，封诸侯。庆赐遂行，无不欣说。乃命乐师习合礼乐。命太尉，赞杰俊，遂贤良，举长大，行爵出禄，必当其位。

是月也，继长增高，毋有坏堕，毋起土功，毋发大众，毋伐大树。

是月也，天子始絺。命野虞出行田原，为天子劳农劝民，毋或失时。命司徒巡行县鄙，命农勉作，毋休于都。

是月也，驱兽毋害五谷，毋大田猎。农乃登麦。天子乃以彘尝麦，先荐寝庙。

是月也，聚畜百药。靡草死，麦秋至。断薄刑，决小罪，出轻系。蚕事毕，后妃献茧。乃收茧税，以桑为均，贵贱长幼如一，以给郊庙之服。

是月也，天子饮酎，用礼乐。

孟夏行秋令，则苦雨数来，五谷不滋，四鄙入保；行冬令，则草木早枯，后乃大水，败其城郭；行春令，则蝗虫为灾，暴风来格，秀草不实。

## 五　月

仲夏之月，日在东井，昏亢中，旦危中。其日丙丁。其帝炎帝，其神祝融。其虫羽。其音征，律中蕤宾。其数七。其味苦，其臭焦。其祀灶，祭先肺。

小暑至，螳螂生。䴗始鸣，反舌无声。天子居明堂大庙，乘朱路，驾赤骝，载赤旗，衣朱衣，服赤玉，食菽与鸡，其器高以粗。养壮佼。

是月也，命乐师修鼗、鞞、鼓，均琴、瑟、管、箫，执干、戚、戈、羽，调竽、笙、篪、簧，饬钟、磬、柷、敔。命有司为民祈祀山川百源，大雩帝，用盛乐。乃命百县雩祀百辟卿士有益于民者，以祈谷实。农乃登黍。

是月也，天子乃以雏尝黍，羞以含桃，先荐寝庙。令民毋艾蓝以染，毋烧灰，毋暴布，门闾毋闭，关市毋索。挺重囚，益其食。游牝别群，则絷腾驹，班马政。

是月也，日长至，阴阳争，死生分。君子斋戒，处必掩身，毋躁，止声色，毋或进，薄滋味，毋致和，节嗜欲，定心气。百官静事毋刑，以定晏阴之所成。鹿角解，蝉始鸣，半夏生，木堇荣。

是月也，毋用火南方。可以居高明，可以远眺望，可以升山陵，可以处台榭。

仲夏行冬令，则雹冻伤谷，道路不通，暴兵来至；行春令，则五谷晚熟，百螣时起，其国乃饥；行秋令，则草木零落，果实早成，民殃于疫。

# 六　月

季夏之月，日在柳，昏火中，旦奎中。其日丙丁。其帝炎帝，其神祝融。其虫羽。其音征，律中林钟。其数七。其味苦，其臭焦。其祀灶，祭先肺。

温风始至，蟋蟀居壁，鹰乃学习，腐草为萤。天子居明堂右个，乘朱路，驾赤骝，载赤旗，衣朱衣，服赤玉，食菽与鸡，其器高以粗。命渔师伐蛟，取鼍，登龟，取鼋。命泽人纳材苇。

是月也，命四监大合百县之秩刍，以养牺牲。令民无不咸出其力，以共皇天、上帝、名山、大川、四方之神，以祠宗庙、社稷之灵，以为民祈福。

是月也，命妇官染采。黼、黻、文、章必以法故，无或差贷。黑黄仓赤，莫不质良，毋敢诈伪，以给郊庙祭祀之服，以为旗章，以别贵贱等给之度。

是月也，树木方盛，乃命虞人入山行木，毋有斩伐。不可以兴土功，不可以合诸侯，不可以起兵动众，毋举大事以摇养气，毋发令而待，以妨神农之事也。水潦盛昌，神农将持功，举大事则有天殃。

是月也，土润溽暑，大雨时行，烧薙行水，利以杀草，如以热汤，可以粪田畴，可以美土强。

季夏行春令，则谷实鲜落，国多风欬，民乃迁徙；行秋令，则丘隰水潦，禾稼不熟，乃多女灾；行冬令，则风寒不时，鹰隼早鸷，四鄙入保。

中央土，其日戊己。其帝黄帝，其神后土。其虫倮，其音宫，律中黄钟之宫。其数五。其味甘，其臭香。其祠中溜，祭先心。天子居大庙大室，乘大路，驾黄骝，载黄旗，衣黄衣，服黄玉，食稷与牛，其器圜以闳。

# 七　月

孟秋之月，日在翼，昏建星中，旦毕中。其日庚辛。其帝少皞，其神蓐收。其虫毛。其音商，律中夷则。其数九。其味辛，其臭腥。其祀门，祭先肝。

凉风至，白露降，寒蝉鸣，鹰乃祭鸟，用始行戮。天子居总章左个，乘戎路，驾白骆，载白旗，衣白衣，服白玉，食麻与犬，其器廉以深。

是月也，以立秋。先立秋三日，太史谒之天子曰："某日立秋，盛德在金。"天子乃斋。立秋之日，天子亲帅三公、九卿、诸侯、大夫以迎秋于西郊。还反，赏军帅、武人于朝。天子乃命将帅选士厉兵，简练杰俊，专任有功，以征不义，诘诛暴慢，以明好恶，顺彼远方。

是月也，命有司修法制，缮囹圄，具桎梏，禁止奸，慎罪邪，务搏执。命理瞻伤，察创，视折，审断，决狱讼必端平。戮有罪，严断刑。天地始肃，不可以赢。

是月也，农乃登谷。天子尝新，先荐寝庙。命百官始收敛。完堤防，谨壅塞，以备水潦，修宫室，坏墙垣，补城郭。

是月也，毋以封诸侯、立大官。毋以割地、行大使、出大币。

孟秋行冬令，则阴气大胜，介虫败谷，戎兵乃来；行春令，则其国乃旱，阳气复还；五谷无实。行夏令，则国多火灾，寒热不节，民多疟疾。

# 八　月

仲秋之月，日在角，昏牵牛中，旦觜觿中。其日庚辛。其帝少皞，其神蓐收。其虫毛。其音商，律中南吕。其数九。其味辛，其臭腥。其祀门，祭先肝。

盲风至，鸿雁来，玄鸟归，群鸟养羞。天子居总章大庙，乘戎路，驾白骆，载白旗，衣白衣，服白玉，食麻与犬，其器廉以深。

是月也，养衰老，授几杖，行糜粥饮食。乃命司服具饬衣裳，文绣有恒，制有小大，度有长短，衣服有量，必循其故，冠带有常。乃命有司申严百刑，斩杀必当，毋或枉桡；枉桡不当，反受其殃。

是月也，乃命宰、祝，循行牺牲，视全具，案刍豢，瞻肥瘠，察物色。必比类，量小大，视长短，皆中度。五者备当，上帝其飨。天子乃难，以达秋气。以犬尝麻，先荐寝庙。

是月也，可以筑城郭，建都邑，穿窦窖，修囷仓。乃命有司趣民收敛，务畜菜，多积聚。乃劝种麦，毋或失时。其有失时，行罪无疑。

是月也，日夜分，雷始收声。蛰虫坏户，杀气浸盛，阳气日衰，水始涸。日夜分，则同度量，平权衡，正钧石，角斗甬。

是月也，易关市，来商旅，纳货贿，以便民事。四方来集，远乡皆至，则财不匮，上无乏用，百事乃遂。凡举大事，毋逆大数，必顺其时，慎因其类。

仲秋行春令，则秋雨不降，草木生荣，国乃有恐；行夏令，则其国乃旱，蛰虫不藏，五谷复生；行冬令，则风灾数起，收雷先行，草木早死。

# 九 月

季秋之月，日在房，昏虚中，旦柳中。其日庚辛。其帝少皞，其神蓐收。其虫毛。其音商，律中无射。其数九。其味辛，其臭腥。其祀门，祭先肝。

鸿雁来宾，爵入大水为蛤，鞠有黄华，豺乃祭兽戮禽。天子居总章右个，乘戎路，驾白骆，载白旗，衣白衣，服白玉，食麻与犬，其器廉以深。

是月也，申严号令。命百官贵贱无不务内，以会天地之藏，无有宣出。乃命冢宰，农事备收，举五谷之要，藏帝藉之收于神仓，祗敬必饬。

是月也，霜始降，则百工休。乃命有司曰："寒气总至，民力不堪，其皆入室。"上丁，命乐正入学习吹。是月也，大飨帝，尝，牺牲告备于天子。合诸侯，制百县，为来岁受朔日，与诸侯所税于民轻重之法，贡职之数，以远近土地所宜为度，以给郊庙之事，无有所私。

是月也，天子乃教于田猎，以习五戎，班马政。命仆及七驺咸驾，载旌旐，授车以级，整设于屏外，司徒搢扑，北面誓之。天子乃厉饰，执弓挟矢以猎，命主祠祭禽于四方。

是月也，草木黄落，乃伐薪为炭。蛰虫咸俯在内，皆墐其户。乃趣狱刑，毋留有罪。收禄秩之不当、供养之不宜者。

是月也，天子乃以犬尝稻，先荐寝庙。

季秋行夏令，则其国大水，冬藏殃败，民多鼽嚏；行冬令，则国多盗贼，边境不宁，土地分裂；行春令，则暖风来至，民气解惰，师兴不居。

# 十　月

孟冬之月，日在尾，昏危中，旦七星中。其日壬癸。其帝颛顼，其神玄冥。其虫介。其音羽，律中应钟。其数六。其味咸，其臭朽。其祀行，祭先肾。

水始冰，地始冻。雉入大水为蜃。虹藏不见。天子居玄堂左个，乘玄路，驾铁骊，载玄旗，衣黑衣，服玄玉，食黍与彘，其器闳以奄。

是月也，以立冬。先立冬三日，太史谒之天子曰："某日立冬，盛德在水。"天子乃斋。立冬之日，天子亲帅三公、九卿、大夫以迎冬于北郊。还反，赏死事，恤孤寡。

是月也，命太史衅龟策，占兆审卦吉凶，是察阿党，则罪无有掩蔽。

是月也，天子始裘。命有司曰："天气上腾，地气下降，天地不通，闭塞而成冬。命百官谨盖藏。"命司徒循行积聚，无有不敛。坏城郭，戒门闾，修键闭，慎管钥，固封疆，备边境，完要塞，谨关梁，塞徯径。饬丧纪，辨衣裳，审棺椁之薄厚，茔丘垄之大小、高卑、厚薄之度，贵贱之等级。

是月也，命工师效功，陈祭器，按度程，毋或作为淫巧，以荡上心，必功致为上。物勒工名，以考其诚，功有不当，必行其罪，以穷其情。

是月也，大饮烝。天子乃祈来年于天宗，大割祠于公社及门闾，腊先祖、五祀，劳农以休息之。天子乃命将帅讲武，习射御、角力。

是月也，乃命水虞、渔师收水泉池泽之赋，毋或敢侵削众庶兆民，以为天子取怨于下。其有若此者，行罪无赦。

孟冬行春令，则冻闭不密，地气上泄，民多流亡；行夏令，则国多暴风，方冬不寒，蛰虫复出；行秋令，则雪霜不时，小兵时起，土地侵削。

# 十一月

仲冬之月，日在斗，昏东壁中，旦轸中。其日壬癸。其帝颛顼，其神玄冥。其虫介。其音羽，律中黄钟。其数六。其味咸，其臭朽。其祀行，祭先肾。

冰益壮，地始坼，鹖旦不鸣，虎始交。天子居玄堂大庙，乘玄路，驾铁骊，载玄旗，衣黑衣，服玄玉，食黍与彘，其器闳以奄。饬死事。命有司曰："土事毋作，慎毋发盖，毋发室屋及起大众，以固而闭。地气且泄，是谓发天地之房，诸蛰则死，民必疾疫，又随以丧，命之曰畅月。"

是月也，命奄尹申宫令，审门闾，谨房室，必重闭，省妇事，毋得淫。虽有贵戚近习，毋有不禁。乃命大酋，秫稻必齐，麹蘖必时，湛炽必洁，水泉必香，陶器必良，火齐必得。兼用六物，大酋监之，毋有差贷。天子命有司祈祀四海、大川、名源、渊泽、井泉。

是月也，农有不收藏积聚者，马牛畜兽有放佚者，取之不诘。山林薮泽，有能取蔬食、田猎禽兽者，野虞教道之。其有相侵夺者，罪之不赦。

是月也，日短至，阴阳争，诸生荡。君子斋戒，处必掩身。身欲宁，去声色，禁嗜欲，安形性，事欲静，以待阴阳之所定。芸始生，荔挺出，蚯蚓结，麋角解，水泉动。日短至，则伐木，取竹箭。

是月也，可以罢官之无事，去器之无用者。涂阙廷、门闾，筑囹圄，此所以助天地之闭藏也。

仲冬行夏令，则其国乃旱，氛雾冥冥，雷乃发声；行秋令，则天时雨汁，瓜瓠不成，国有大兵；行春令，则蝗虫为败，水泉咸竭，民多疥疠。

# 腊　月

季冬之月，日在婺女，昏娄中，旦氐中。其日壬癸。其帝颛顼，其神玄冥。其虫介。其音羽，律中大吕。其数六。其味咸，其臭朽。其祀行，祭先肾。

雁北乡，鹊始巢。雉雊，鸡乳。天子居玄堂右个，乘玄路，驾铁骊，载玄旗，衣黑衣，服玄玉，食黍与彘，其器闳以奄。命有司大难，旁磔，出土牛，以送寒气。征鸟厉疾。乃毕山川之祀及帝之大臣、天子神祇。

是月也，命渔师始渔，天子亲往，乃尝鱼，先荐寝庙。冰方盛，水泽腹坚，命取冰，冰以入。令告民出五种。命农计耦耕事，修耒耜，具田器。命乐师大合吹而罢。乃命四监收秩薪柴，以共郊庙及百祀之薪燎。

是月也，日穷于次，月穷于纪，星回于天，数将几终，岁且更始，专而农民，毋有所使。天子乃与公、卿、大夫，共饬国典，论时令，以待来岁之宜。乃命太史次诸侯之列，赋之牺牲，以共皇天、上帝、社稷之飨。乃命同姓之邦共寝庙之刍豢。命宰历卿大夫至于庶民土田之数，而赋牺牲，以共山林名川之祀。凡在天下九州之民者，无不咸献其力，以共皇天、上帝、社稷、寝庙、山林、名川之祀。

季冬行秋令，则白露早降，介虫为妖，四鄙入保；行春令，则胎夭多伤，国多固疾，命之曰逆；行夏令，则水潦败国，时雪不降，冰冻消释。

——《月令第六》

# 十九、论西周三代教喻长子及师道之礼

　　文王之为世子，朝于王季，日三。鸡初鸣而衣服，至于寝门外，问内竖之御者曰："今日安否何如？"内竖曰："安。"文王乃喜。及日中又至，亦如之；及莫又至，亦如之。其有不安节，则内竖以告文王。文王色忧，行不能正履。王季腹膳，然后亦复初。食上，必在视寒暖之节；食下，问所膳。命膳宰曰："末有原。"应曰："诺。"然后退。

　　武王帅而行之，不敢有加焉。文王有疾，武王不脱冠带而养。文王一饭亦一饭，文王再饭亦再饭。旬有二日乃间。文王谓武王曰："女何梦矣？"武王对曰："梦帝与我九龄。"文王曰："女以为何也"武王曰："西方有九国焉，君王其终抚诸。"文王曰："非也。古者谓年龄，齿亦龄也。我百，尔九十，吾与尔三焉。"文王九十七乃终，武王九十三而终。

　　成王幼，不能莅阼。周公相，践阼而治。抗世子法于伯禽，欲令成王之知父子、君臣、长幼之道也。成王有过，则挞伯禽，所以示成王世子之道也。

文王之为世子也。


凡学世子及学士，必时：春夏学干戈，秋冬学羽籥，皆于东序。小乐正学干，大胥赞之；籥师学戈，籥师丞赞之。胥鼓南。春诵夏弦，大师诏之；瞽宗秋学礼，执礼者诏之；冬读书，典书者诏之。礼在瞽宗，书在上庠。凡祭与养老、乞言、合语之礼，皆小乐正诏之于东序。大乐正学舞干戚，语说，命乞言，皆大乐正授数，大司成论说在东序。


凡侍坐于大司成者，远近间三席，可以问，终则负墙。列事未尽，不问。

凡学，春，官释奠于其先师，秋冬亦如之。凡始立学者，必释奠于先圣先师，及行事，必以币。凡释奠者，必有合也，有国故则否。凡大合乐，必遂养老。

凡语于郊者，必取贤敛才焉。或以德进，或以事举，或以言扬。曲艺皆誓之，以待又语。三而一有焉，乃进其等，以其序，谓之郊人，远之于成均，以及取爵于上尊也。始立学者，既兴器用币，然后释菜，不舞不授器，乃退，俟于东序，一献，无介、语可也。教世子。


凡三王教世子，必以礼乐。乐所以修内也，礼所以修外也，礼乐交错于中，发形于外，是故其成也怿，恭敬而温文。

　　立太傅、少傅以养之，欲其知父子君臣之道也。太傅审父子君臣之道以示之，少傅奉世子以观太傅之德行而审喻之。太傅在前，少傅在后，入则有保，出则有师，是以教喻而德成也。

　　师者，教之以事而喻诸德者也；保卫者，慎其身以辅翼之而归诸道者也。

——《文王世子第八》

# 二十、孔子论三代大同小康
# 六君子以礼正国

昔者仲尼与于蜡宾，事毕，出游于观之上，喟然而叹。仲尼之叹，盖叹鲁也。

言偃在侧，曰："君子何叹？"

孔子曰："大道之行也，与三代之英，丘未之逮也，而有志焉。大道之行也，天下为公，选贤与能，讲信修睦。故人不独亲其亲，不独子其子，使老有所终，壮有所用，幼有所长，矜寡孤独废疾者皆有所养，男有分，女有归。货恶其弃于地也，不必藏于己；力恶其不出于身也，不必为己。是故谋闭而不兴，盗窃乱贼而不作，故外户而不闭。是谓大同。"

"今大道既隐，天下为家，各亲其亲，各子其子，货力为己，大人世及以为礼，城郭沟池以为固，礼义以为纪；以正君臣，以笃父子，以睦兄弟，以和夫妇，以设制度，以立田里，以贤勇智，以功为己。故谋用是作，而兵由此起。禹、汤、文、武、成王、周公，由此其选也。此六君子者，未有不谨于礼者也。以著其义，以考其信，著有过，刑仁讲让，示民有常。如有不由此者，在势者去，众以为殃。是谓小康。"

言偃复问曰："如此乎礼之急也？"孔子曰："夫礼，先王以承天之道，以治人之情，故失之者死，得之者生。《诗》曰：'相鼠有体，人而无礼。人而无礼，胡不遄死。'是故夫礼必本于天，殽于地，列于鬼神，达于丧、祭、射、御、冠、婚、朝、聘。故圣人以礼示之，故天下国家可得而正也。"

——《礼运第九》

# 二十一、孔子论敬鬼神实为
# 敬祖先大成之礼

言偃复问曰："夫子之极言礼也，可得而闻与。"

孔子曰："我欲观夏道，是故之杞，而不足征也，吾得《夏时》焉。我欲观殷道，是故之宋，而不足征也，吾得《坤乾》焉。《坤乾》之义《夏时》之等，吾以是观之。"

"夫礼之初，始诸饮食，其燔黍捭豚，污尊而抔饮，蒉桴而土鼓，犹若可以致其敬于鬼神。及其死也，升屋而号，告曰：'皋！某复。'然后饭腥而苴孰，故天望而地藏也。体魄则降，知气在上，故死者北首，生者南乡，皆从其初。"

"昔者先王未有宫室，冬则居营窟，夏则居橧巢。未有火化，食草木之实，鸟兽之肉，饮其血，茹其毛。未有麻丝，衣其羽皮。后圣有作，然后修火之利，范金合土，以为台榭、宫室、牖户，以炮以燔，以亨以炙，以为醴酪；治其麻丝，以为布帛。以养生送死，以事鬼神上帝。皆从其朔。故玄酒在室，醴盏在户，粢醍在堂，澄酒在下。陈其牺牲，备其鼎俎，列其琴瑟管磬钟鼓，修其祝嘏，以降上神与其先祖，以正君臣，以笃父子，以睦兄弟，以齐上下，夫妇有所。是谓承天之祜。"

"作其祝号，玄酒以祭，荐其血毛，腥其俎，孰其殽，与其越席，疏布以幂，衣其浣帛，醴盏以献，荐其燔炙，君与夫人交献，以嘉魂魄。是谓合莫。然后退而合亨，体其犬豕牛羊，实其簠簋、笾豆、铏羹，祝以孝告，嘏以慈告。是谓大祥。此礼之大成也。"

——《礼运第九》

# 二十二、孔子论礼为权柄与君臣 所行之七非礼

孔子曰："呜呼，哀哉！我观周道，幽、厉伤之。吾舍鲁何适矣！鲁之郊褅，非礼也。周公其衰矣。杞之郊也，禹也；宋之郊也，契也。是天子之事守也。故天子祭天地，诸侯祭社稷。"

"祝嘏莫敢易其常古，是谓大假。祝嘏辞说，藏于宗祝巫史，非礼也，是谓幽国。"

"盏斝及尸君，非礼也，是谓僭君。"

"冕弁兵革藏于私家，非礼也，是谓胁君。"

"大夫具官，祭器不假，声乐皆具，非礼也，是谓乱国。"

"故仕于公曰臣，仕于家曰仆。三年之丧与新有婚者，期不使。以衰裳入朝，与家仆杂居齐齿，非礼也，是谓君与臣同国。"

"故天子有田以处其子孙，诸侯有国以处其子孙，大夫有采以处其子孙，是谓制度。"

"故天子适诸侯，必舍其祖庙，而不以礼籍入，是谓天子坏法乱纪。"

"诸侯非问疾吊丧而入诸臣之家，是谓君臣为谑。"

"是故礼者，君之大柄也，所以别嫌明微，傧鬼神，考制度，别仁义，所以治政安君也。故政不正则君位危，君位危则大臣倍，小臣窃。刑肃而俗敝，则法无常，法无常而礼无列，礼无列则士不事也。刑肃而俗敝，则民弗归也，是谓疵国。"

——《礼运第九》

# 二十三、孔子论政为君主藏身之所与治人情之礼

故政者，君之所以藏身也。

是故夫政必本于天，殽以降命。命降于社之谓殽地，降于祖庙之谓仁义，降于山川之谓兴作，降于五祀之谓制度。此圣人所以藏身之固也。故圣人参于天地，并于鬼神，以治政也。处其所存，礼之序也；玩其所乐，民之治也。

故天生时而地生财，人其父生而师教之，四者君以正用之，故君者立于无过之地也。

故君者，所明也，非明人者也。君者，所养也，非养人者也。君者，所事也，非事人者也。故君明人则有过，养人则不足，事人则失位。故百姓则君以自治也，养君以自安也，事君以自显也。故礼达而分定，人皆爱其死而患其生。故用人之智，去其诈；用人之勇，去其怒；用人之仁，去其贪。故国有患，君死社稷谓之义，大夫死宗庙谓之变。

故圣人耐以天下为一家，以中国为一人者，非意之也，必知其情，辟于其义，明于其利，达于其患，然后能为之。何谓人情？喜、怒、哀、惧、爱、恶、欲，七者弗学而能。何谓人义？父慈、子孝、兄良、弟弟、夫义、妇听、长惠、幼顺、君仁、臣忠，十者谓之人义。讲信修睦，谓之人利。争夺相杀，谓之人患。故圣人所以治人七情，修十义，讲信修睦，尚辞让，去争夺，舍礼何以治之？饮食男女，人之大欲存焉。死亡贫苦，人之大恶存焉。故欲恶者，心之大端也。人藏其心，不可测度也。美恶皆在其心，不见其色也。欲一以穷之，舍礼何以哉！

　　故人者，其天地之德，阴阳之交，鬼神之会，五行之秀气也。故天秉阳，垂日星；地秉阴，窍于山川。播五行于四时，和而后月生也，是以三五而盈，三五而缺。五行之动，迭相竭也。五行、四时、十二月，还相为本也。五声、六律、十二管，还相为宫也。五味、六和、十二食，还相为质也。五色、六章、十二衣，还相为质也。故人者，天地之心也，五行之端也，食味、别声、被色而生者也。

　　故圣人作则，必以天地为本，以阴阳为端，以四时为柄，以日星为纪，月以为量，鬼神以为徒，五行以为质，礼义以为器，人情以为田，四灵以为畜。

以天地为本，故物可举也。以阴阳为端，故情可睹也。以四时为柄，故事可劝也。以日星为纪，故事可列也。月以为量，故功有艺也。鬼神以为徒，故事有守也。五行以为质，故事可复也。礼义以为器，故事行有考也。人情以为田，故人以为奥也。四灵以为畜，故饮食有由也。

何谓四灵？麟、凤、龟、龙，谓之四灵。故龙以为畜，故鱼鲔不淰；凤以为畜，故鸟不獝；麟以为畜，故兽不狘；龟以为畜，故人情不失。故先王秉蓍龟，列祭祀，瘗缯，宣祝嘏辞说，设制度，故国有礼，官有御，事有职，礼有序。

故先王患礼之不达于下也，故祭帝于郊，所以定天位也；祀社于国，所以列地利也；祖庙，所以本仁也；山川，所以傧鬼神也；五祀，所以本事也。故宗祝在庙，三公在朝，三老在学。王前巫后史，卜筮瞽侑皆在左右。王中心无为也，以守至正。故礼行于郊而百神受职焉；礼行于社，而百货可极焉；礼行于祖庙而孝慈服焉；礼行于五祀而正法则焉。

故自郊、社、祖庙、山川、五祀，义之修而礼之藏也。

——《礼运第九》

# 二十四、孔子论君主达顺守危讲信修睦之礼

是故夫礼，必本于太一，分而为天地，转而为阴阳，变而为四时，列而为鬼神。其降曰命，其官于天也。夫礼必本于天，动而之地，列而之事，变而从时，协于分艺。其居人也曰养，其行之以货、力、辞、让、饮、食、冠、婚、丧、祭、射、御、朝、聘。

故礼义也者，人之大端也，所以讲信修睦而固人之肌肤之会、筋骸之束也；所以养生、送死、事鬼神之大端也；所以达天道、顺人情之大窦也。故唯圣人为知礼之不可以已也。故坏国、丧家、亡人，必先去其礼。故礼之于人也，犹酒之有蘖也；君子以厚，小人以薄。

故圣王修义之柄、礼之序，以治人情。故人情者，圣王之田也，修礼以耕之，陈义以种之，讲学以耨之，本仁以聚之，播乐以安之。故礼也者，义之实也。协诸义而协，则礼虽先王

未之有，可以义起也。义者，艺之分，仁之节也。协于艺，讲于仁，得之者强。仁者，义之本也，顺之体也，得之者尊。故治国不以礼，犹无耜而耕也；为礼不本于义，犹耕而弗种也；为义而不讲之以学，犹种而弗耨也；讲之于学而不合之以仁，犹耨而弗获也；合之以仁而不安之以乐，犹获而弗食也；安之以乐而不达于顺，犹食而弗肥也。

四体既正，肤革充盈，人之肥也。父子笃，兄弟睦，夫妇和，家之肥也。大臣法，小臣廉，官职相序，君臣相正，国之肥也。天子以德为车，以乐为御，诸侯以礼相与，大夫以法相序，士以信相考，百姓以睦相守。天下之肥也。是谓大顺。

大顺者，所以养生、送死、事鬼神之常也。故事大积焉而不苑，并行而不缪，细行而不失，深而通，茂而有间，连而不相及也，动而不相害也。此顺之至也。

故明于顺，然后能守危也。故礼之不同也，不丰也，不杀也，所以持情而合危也。

故圣王所以顺，山者不使居川，不使渚者居中原，而弗敝也。用水、火、金、木、饮食必时，合男女、颁爵位必当年、德，用民必顺。故无水旱昆虫之灾，民无凶饥妖孽之疾。故天不爱其道，地不爱其宝，人不爱其情。故天降膏露，地出醴泉，山出器、车，河出马图，凤凰、麒麟皆在郊椒，龟、龙在宫沼，其余鸟兽之卵胎，皆可俯而窥也。则是无故，先王能修礼以达义，体信以达顺，故此顺之实也。

——《礼运第九》

# 二十五、论时、顺、体、宜、称之礼

礼器，是故大备。大备，盛德也。礼释回，增美质，措则正，施则行。其在人也，如竹箭之有筠也，如松柏之有心也。二者居天下之大端矣，故贯四时而不改柯易叶。故君子有礼，则外谐而内无怨，故物无不怀仁，鬼神飨德。

先王之立礼也，有本有文。忠信，礼之本也；义理，礼之文也。无本不正，无文不行。

礼也者，合于天时，设于地财，顺于鬼神，合于人心，理万物者也。是故天时有生也，地理有宜也，人官有能也，物曲有利也。故天不生，地不养，君子不以为礼，鬼神弗飨也。居山以鱼鳖为礼，居泽以鹿豕为礼，君子谓之不知礼。故必举其定国之数，以为礼之大经。礼之大伦，以地广狭；礼之薄厚，与年之上下。是故年虽大杀，众不匡惧。则上之制礼也节矣。

礼，时为大，顺次之，体次之，宜次之，称次之。

尧授舜，舜授禹，汤放桀，武王伐纣，时也。《诗》云："匪革其犹，聿追来孝。"天地之祭，宗庙之事，父子之道，君臣之义，伦也。社稷山川之事，鬼神之祭，体也。丧祭之用，宾客之交，义也。羔豚而祭，百官皆足，大牢而祭，不必有余，此之谓称也。诸侯以龟为宝，以圭为瑞，家不宝龟，不藏圭，不台门，言有称也。

——《礼器第十》

# 二十六、论礼之八贵与"称"礼

礼有以多为贵者：天子七庙，诸侯五，大夫三，士一。天子之豆二十有六，诸公十有六，诸侯十有二，上大夫八，下大夫六。诸侯七介、七牢，大夫五介、五牢。天子之席五重，诸侯之席三重，大夫再重。天子崩，七月而葬，五重八翣；诸侯五月而葬，三重六翣；大夫三月而葬，再重四翣。此以多为贵也。

有以少为贵者：天子无介，祭天特牲。天子适诸侯，诸侯膳以犊。诸侯相朝，灌用郁鬯，无笾豆之荐。大夫聘，礼以脯醢。天子一食，诸侯再，大夫、士三，食力无数。大路繁缨一就，次路繁缨七就。圭璋特，琥璜爵。鬼神之祭单席。诸侯视朝，大夫特，士旅之。此以少为贵也。

有以大为贵者：宫室之量，器皿之度，棺椁之厚，丘封之大。此以大为贵也。

有以小为贵者：宗庙之祭，贵者献以爵，贱者献以散；尊者举觯，卑者举角。五献之尊，门外缶，门内壶，君尊瓦甒。此以小为贵也。

有以高为贵者：天子之堂九尺，诸侯七尺，大夫五尺，士三尺。天子、诸侯台门。此以高为贵也。

有以下为贵者：至敬不坛，扫地而祭。天子诸侯之尊废禁，大夫、士棜禁。此以下为贵也。

礼有以文为贵者：天子龙衮，诸侯黼，大夫黻，士玄衣纁裳。天子之冕朱绿藻，十有二旒，诸侯九，上大夫七，下大夫五，士三。此以文为贵也。

有以素为贵者：至敬无文，父党无容，大圭不琢，大羹不和，大路素而越席，牺尊疏布幂，椫杓。此以素为贵也。

孔子曰："礼，不可不省也。礼不同，不丰，不杀。"此之谓也。盖言称也。

礼之以多为贵者，以其外心？者也。德发扬，诩万物，大理物博，如此，则得不以多为贵乎？故君子乐其发也。礼之以少为贵者，以其内心者也。德产之致也精微，观天下之物无可以称其德者，如此，则得不以少为贵乎？是故君子慎其独也。古之圣人，内之为尊，外之为乐，少之为贵，多之为美。是故先生之制礼也，不可多也，不可寡也，唯其称也。

礼也者，犹体也。体不备，君子谓之不成人。设之不当，犹不备也。礼有大有小，有显有微。大者不可损，小者不可益，显者不可掩，微者不可大也。故经礼三百，曲礼三千，其致一也。未有入室而不由户者。

——《礼器第十》

# 二十七、论人道治民以"五先"与"从服"祖宗之礼

上治祖祢，尊尊也。下治子孙，亲亲也。旁治昆弟，合族以食，序以昭缪，别之以礼义，人道竭矣。

圣人南面而听天下。所且先者五，民不与焉：一曰治亲，二曰报功，三曰举贤，四曰使能，五曰存爱。五者一得于天下，民无不足，无不赡者。五者一物纰缪，民莫得其死。圣人南面而治天下，必自人道始矣。

立权度量，考文章，改正朔，易服色，殊徽号，异器械，别衣服，此其所得与民变革者也。其不可得变革者则有矣，亲亲也，尊尊也，长长也，男女有别，此其不可得与民变革者也。

同姓从宗，合族属；异姓主名，治际会。名著而男女有别。其夫属乎父道者，妻皆母道也；其夫属乎子道者，妻皆妇

道也。谓弟之妻妇者，是嫂亦可谓之母乎名者，人治之大者也，可无慎乎！

四世而缌，服之宜也。五世袒免，杀同姓也。六世，亲属竭矣。其庶姓别于上而戚单于下，婚姻可以通乎？系之以姓而弗别，缀之以食而弗殊，虽百世而婚姻不通者，周道然也。

服术有六：一曰亲亲，二曰尊尊，三曰名，四曰出入，五曰长幼，六曰从服。

从服有六：有属从，有徒从，有从有服而无服，有从无服而有服，有从重而轻，有从轻而重。

自仁率亲，等而上之至于祖，名曰轻；自义率祖，顺而下之至于祢，名曰重。一轻一重，其义然也。

君有合族之道，族人不得以其戚戚君，位也。

庶子不祭，明其宗也。庶子不得为长子三年，不继祖也。

别子为祖，继别为宗，继祢者为小宗。有百世不迁之宗，有五世则迁之宗。百世不迁者，别子之后也。宗其继别子之所自出者，百世不迁者也。宗其继高祖者，五世则迁者也。尊祖故敬宗，敬宗，尊祖之义也。

有小宗而无大宗者，有大宗而无小宗者，有无宗亦莫之宗者，公子是也。

公子有宗道。公子之公，为其士大夫之庶者宗其士大夫之适者。公子之宗道也。

绝族无移服，亲者属也。

自仁率亲，等而上之至于祖，自义率祖，顺而下之至于祢，是故人道亲亲也。亲亲故尊祖，尊祖故敬宗，敬宗故收族，收族故宗庙严，宗庙严故重社稷，重社稷故爱百姓，爱百姓故刑罚中，刑罚中故庶民安，庶民安故财用足，财用足故百志成，百志成故礼俗刑，礼俗刑然后乐。《诗》云："不显不承，敌于人斯。"此之谓也。

——《大传第十六》

# 二十八、论大学之道法与教喻之兴废

发虑宪，求善良，足以谀闻，不足以动众。就贤体远，足以动众，未足以化民。君子如欲化民成俗，其必由学乎！

玉不琢，不成器；人不学，不知道。是故古之王者建国君民，教学为先。《说命》曰："念终始典于学。"其此之谓乎！

虽有嘉肴，弗食，不知其旨也；虽有至道，弗学，不知其善也。故学然后知不足，教然后知困。知不足，然后能自反也；知困，然后能自强也，故曰，教学相长也。《说命》曰"学学半"，其此之谓乎！

古之教者，家有塾，党有庠，术有序，国有学。比年入学，中年考校。一年视离经辨志，三年视敬业乐群，五年视博习亲师，七年视论学取友，谓之小成；九年知类通达，强立而不反，谓之大成。夫然后足以化民易俗，近者说服而远者怀之，此大学之道也。《记》曰："蛾（蚁）子时术之。"其此之谓乎！

大学始教，皮弁祭菜，示敬道也。《宵雅》肄三，官其始也。入学鼓箧，孙其业也。夏楚二物，收其威也。未卜禘不视学，游其志也。时观而弗语，存其心也。幼者听而弗问，学不躐等也。此七者。教之大伦也。《记》曰："凡学官先事，士先志。"其此之谓乎！

大学之教也，时教必有正业，退息必有居学。不学操缦，不能安弦；不学博依，不能安诗；不学杂服，不能安礼；不兴其艺，不能乐学。故君子之于学也，藏焉，修焉，息焉，游焉。夫然，故安其学而亲其师，乐其友而信其道，是以虽离师辅而不反也。《说命》曰："敬孙务时敏，厥修乃来。"其此之谓乎！

今之教者，呻其占毕，多其讯言，及于数进而不顾其安，使人不由其诚，教人不尽其材，其施之也悖，其求之也佛。夫然，故隐其学而疾其师，苦其难而不知其益也。虽终其业，其去之必速。教之不刑，其此之由乎！

大学之法，禁于未发之谓豫，当其可之谓时，不陵节而施之谓孙，相观而善之谓摩。此四者，教之所由兴也。

发然后禁，则捍格而不胜；时过然后学，则勤苦而难成；杂施而不孙，则坏乱而不修；独学而无友，则孤陋而寡闻；燕朋逆其师；燕辟废其学。此六者，教之所由废也。

——《学记第十八》

# 二十九、论学道师道教与学之道

君子既知教之所由兴，又知教之所由废，然后可以为人师也。故君子之教喻也，道而弗牵，强而弗抑，开而弗达。道而弗牵则和，强而弗抑则易，开而弗达则思。和易以思，可谓善喻矣。

学者有四失，教者必知之。人之学也，或失则多，或失则寡，或失则易，或失则止。此四者，心之莫同也。知其心，然后能救其失也。教也者，长善而救其失者也。

善歌者使人继其声，善教者使人继其志。其言也约而达，微而臧，罕譬而喻，可谓继志矣。

君子知至学之难易，而知其美恶，然后能博喻。能博喻然后能为师，能为师然后能为长，能为长然后能为君。故师也者，所以学为君也。是故择师不可不慎也。《记》曰："三王四代唯其师。"此之谓乎。

凡学之道，严师为难。师严然后道尊，道尊然后民知敬学。是故君之所不臣于其臣者二，当其为尸则弗臣也，当其为师则弗臣也。大学之礼，虽诏于天子，无北面，所以尊师也。

　　善学者，师逸而功倍，又从而庸之；不善学者，师勤而功半，又从而怨之。善问者，如攻坚木，先其易者，后其节目，及其久也，相说以解；不善问者反此。善待问者，如撞钟，叩之以小者则小鸣，叩之以大者则大鸣，待其从容，然后尽其声；不善答问者反此。此皆进学之道也。

　　记问之学，不足以为人师。必也听语乎！力不能问，然后语之；语之而不知，虽舍之可也。

　　良冶之子必学为裘，良弓之子必学为箕，始驾者反之，车在马前。君子察于此三者，可以有志于学矣。

　　古之学者，比物丑类。鼓无当于五声，五声弗得不和；水无当于五色，五色弗得不章；学无当于五官，五官弗得不治；师无当于五服，五服弗得不亲。

　　君子曰：大德不官，大道不器，大信不约，大时不齐。察于此四者，可以有志于学矣。

　　三王之祭川也，皆先河而后海，或源也，或委也。此之谓务本。

——《学记第十八》

# 三十、论乐起于六心动情彰德而通于礼

凡音之起，由人心生也。人心之动，物使之然也。感于物而动，故形于声。声相应，故生变，变成方，谓之音。比音而乐之，及干戚羽旄，谓之乐。

乐者，音之所由生也，其本在人心之感于物也。是故其哀心感者，其声噍以杀；其乐心感者，其声啴以缓；其喜心感者，其声发以散；其怒心感者，其声粗以厉；其敬心感者，其声直以廉；其爱心感者，其声和以柔。六者非性也，感于物而后动。是故先王慎所以感之者。故礼以道其志，乐以和其声，政以一其行，刑以防其奸。礼乐刑政，其极一也，所以同民心而出治道也。

凡音者，生人心者也。情动于中，故形于声，声成文，谓之音。是故治世之音安以乐，其政和；乱世之音怨以怒，其政乖；亡国之音哀以思，其民困。声音之道，与政通矣。宫为

君，商为臣，角为民，征为事，羽为物。五者不乱，则无怗懘
懘之音矣。宫乱则荒，其君骄；商乱则陂，其官坏；角乱则
忧，其民怨；征乱则哀，其事勤；羽乱则危，其财匮。五者皆
乱，迭相陵，谓之慢。如此，则国之灭亡无日矣。郑卫之音，
乱世之音也；比于慢矣。桑间、濮上之音，亡国之音也，其政
散，其民流，诬上行私而不可止也。

凡音者，生于人心者也。乐者，通伦理者也。是故知声而
不知音者，禽兽是也。知音而不知乐者，众庶是也。唯君子为
能知乐。是故审声以知音，审音以知乐，审乐以知政，而治道
备矣。是故不知声者不可与言音，不知音者不可与言乐，知乐
则几于礼矣。礼乐皆得，谓之有德。德者，得也。

是故乐之隆，非极音也；食飨之礼，非致味也。《清庙》之
瑟，朱弦而疏越，一倡而三叹，有遗音者矣。大飨之礼，尚玄
酒而俎腥鱼，大羹不和，有遗味者矣。是故先王之制礼乐也，
非以极口腹耳目之欲也，将以教民平好恶而反人道之正也。

人生而静，天之性也。感于物而动，性之欲也。物至知
知，然后好恶形焉。好恶无节于内，知诱于外，不能反躬，天
理灭矣。夫物之感人无穷，而人之好恶无节，则是物至而人化
物也。人化物也者，灭天理而穷人欲者也。于是有悖逆诈伪之
心，有淫泆作乱之事。是故强者胁弱，众者暴寡，知者诈愚，
勇者苦怯，疾病不养。老幼孤独不得其所。此大乱之道也。

是故先王之制礼乐，人为之节。衰麻哭泣，所以节丧纪也。钟鼓干戚，所以和安乐也。婚姻冠笄，所以别男女也。射乡食飨，所以正交接也。礼节民心，乐和民声，政以行之，刑以防之。礼乐刑政，四达而不悖，则王道备矣。

乐者为同，礼者为异。同则相亲，异则相敬，乐胜则流，礼胜则离。合情饰貌者，礼乐之事也。礼义立，则贵贱等矣。乐文同，则上下和矣。好恶著，则贤不肖别矣。刑禁暴，爵举贤，则政均矣。仁以爱之，义以正之。如此则民治行矣。

乐由中出，礼自外作。乐由中出，故静；礼自外作，故文。大乐必易，大礼必简。乐至则无怨，礼至则不争。揖让而治天下者，礼乐之谓也。暴民不作，诸侯宾服，兵革不试，五刑不用，百姓无患，天子不怒，如此则乐达矣。合父子之亲，明长幼之序，以敬四海之内，天子如此，则礼行矣。

乐与天地同和，大礼与天地同节。和，故百物不失；节，故祀天祭地。明则有礼乐，幽则有鬼神。如此则四海之内合敬同爱矣。礼者，殊事合敬者也。乐者，异文合爱者也。礼乐之情同，故明王以相也。故事与时并，名与功偕。

故钟鼓管磬，羽籥干戚，乐之器也；屈伸俯仰，缀兆舒疾，乐之文也。簠簋俎豆，制度文章，礼之器也；升降上下，周还裼袭，礼之文也。故知礼乐之情者能作，识礼乐之文者能述。作者之谓圣，述者之谓明。明圣者，述作之谓也。

乐者，天地之和也。礼者，天地之序也。和，故百物皆化；序，故群物皆别。乐由天作，礼以地制，过制则乱，过作则暴。明于天地，然后能兴礼乐也。

论伦无患，乐之情也；欣喜欢爱，乐之官也。中正无邪，礼之质也；庄敬恭顺，礼之制也。若夫礼乐之施于金石，越于声音，用于宗庙社稷，事乎山川鬼神，则此所与民同也。

王者功成作乐，治定制礼。其功大者其乐备，其治辩者其礼具。干戚之舞，非备乐也；孰亨而祀，非达礼也。五帝殊时，不相沿乐；三王异世，不相袭礼。乐极则忧，礼粗则偏矣。及夫敦乐而无忧，礼备而不偏者，其唯大圣乎！

天高地下，万物散殊，而礼制行矣。流而不息，合同而化，而乐兴焉。春作夏长，仁也。秋敛冬藏，义也。仁近于乐，义近于礼。乐者敦和，率神而从天；礼者别宜，居鬼而从地。故圣人作乐以应天，制礼以配地。礼乐明备，天地官矣。

天尊地卑，君臣定矣。卑高已陈，贵贱位矣。动静有常，小大殊矣。方以类聚，物以群分，则性命不同矣。在天成象，在地成形，如此，则礼者天地之别也。地气上齐，天气下降，阴阳相摩，天地相荡，鼓之以雷霆，奋之以风雨，动之以四时，暖之以日月，而百化兴焉。如此，则乐者天地之和也。

化不时则不生，男女无辨则乱升，天地之情也。及夫礼乐之极乎天而蟠乎地，行乎阴阳而通乎鬼神，穷高极远而测深厚。乐著大始，而礼居成物。著不息者天也，著不动者地也。一动一静者，天地之间也。故圣人曰"礼乐"云。

昔者舜作五弦之琴以歌《南风》，夔始制乐以赏诸侯。故天子之为乐也，以赏诸侯之有德者也。德盛而教尊，五谷时熟，然后赏之乐。故其治民劳者，其舞行缀远；其治民逸者，其舞行缀短。故观其舞，知其德；闻其谥，知其行也。《大章》，章之也；《咸池》，备矣；《韶》，继也；《夏》，大也。殷周之乐尽矣。

天地之道，寒暑不时则疾，风雨不节则饥。教者，民之寒暑也，教不时则伤世；事者，民之风雨也，事不节则无功。然则先王之为乐也，以法治也，善则行象德矣。

夫豢豕为酒，非以为祸也，而狱讼益繁，则酒之流生祸也。是故先王因为酒礼。一献之礼，宾主百拜，终日饮酒而不得醉焉，此先王之所以备酒祸也。故酒食者，所以合欢也。乐者，所以象德也。礼者，所以缀淫也。是故先王有大事，必有礼以哀之；有大福，必有礼以乐之。哀乐之分，皆以礼终。乐也者，圣人之所乐也，而可以善民心，其感人深，其移风易俗，故先王著其教焉。

夫民有血气心知之性，而无哀乐喜怒之常，应感起物而动，然后心术形焉。是故志微、噍杀之音作而民思忧。啴谐、慢易、繁文、简节之音作而民康乐，粗厉、猛起、奋末、广贲之音作而民刚毅；廉直、劲正、庄诚之音作而民肃敬；宽裕、肉好（玉璧的边与孔）、顺成、和动之音作而民慈爱，流辟、邪散、狄成、涤滥之音作而民淫乱。

是故先王本之情性，稽之度数，制之礼义，合生气之和，道五常之行，使之阳而不散，阴而不密，刚气不怒，柔气不慑，四畅交于中而发作于外，皆安其位而不相夺也。然后立之学等，广其节奏、省其文采，以绳德厚，律小大之称，比终始之序，以象事行，使亲疏、贵贱、长幼、男女之理，皆形见于乐，故曰"乐观其深"矣。

土敝则草木不长，水烦则鱼鳖不大，气衰则生物不遂，世乱则礼慝而乐淫。是故其声哀而不庄，乐而不安；慢易以犯节，流湎以忘本；广则容奸，狭则思欲；感条畅之气，而灭平和之德。是以君子贱之也。

凡奸声感人而逆气应之，逆气成象而淫乐兴焉。正声感人而顺气应之，顺气成象而和乐兴焉。倡和有应，回邪曲直各归其分，而万物之理各以其类相动也。

是故君子反情以和其志，比类以成其行，奸声乱色不留聪明，淫乐慝礼不接心术，惰慢邪辟之气不设于身体，使耳目鼻口心知百体皆由顺正以行其义。

然后发以声音，而文以琴瑟，动以干戚，饰以羽旄，从以箫管，奋至德之光，动四气之和，以著万物之理。是故清明象天，广大象地，终始象四时，周还象风雨，五色成文而不乱，八风从律而不奸。百度得数而有常，小大相成，终始相生，倡和清浊，迭相为经。故乐行而伦清，耳目聪明，血气和平，移风易俗，天下皆宁。

故曰："乐者，乐也。"君子乐得其道，小人乐得其欲。以道制欲，则乐而不乱；以欲忘道，则惑而不乐。是故君子反情以和其志，广乐以成其教。乐行而民乡方，可以观德矣。德者，性之端也；乐者，德之华也；金石丝竹，乐之器也。诗，言其志也；歌，咏其声也；舞，动其容也；三者本于心，然后乐气从之。是故情深而文明，气盛而化神，和顺积中而英华发外，唯乐不可以为伪。

乐者，心之动也。声者，乐之象也。文采节奏，声之饰也。君子动其本，乐其象，然后治其饰。是故先鼓以警戒，三步以见方，再始以著往，复乱以饬归，奋疾而不拔，极幽而不隐，独乐其志，不厌其道，备举其道，不私其欲。是故情见而义立，乐终而德尊，君子以好善，小人以听过。故曰："生民之道，乐为大焉。"

乐也者，施也。礼也者，报也。乐，乐其所自生，而礼反其所自始。乐章德，礼报情、反始也。

乐也者，情之不可变者也。礼也者，理之不可易者也。乐统同，礼辨异。礼乐之说，管乎人情矣。穷本知变，乐之情也；著诚去伪，礼之经也。礼乐侦天地之情，达神明之德，降兴上下之神，而凝是精粗之体，领父子君臣之节。

是故大人举礼乐，则天地将为昭焉。天地欣合，阴阳相得，煦妪覆育万物，然后草木茂，区萌达，羽翼奋，角觡生，蛰虫昭苏，羽者妪伏，毛者孕育，胎生者不，而卵生者不殰，则乐之道归焉耳。

乐者，非谓黄钟、大吕、弦歌、干扬也，乐之末节也，故童者舞之。铺筵席，陈尊俎，列笾豆，以升降为礼者，礼之末节也，故有司掌之。乐师辨乎声诗，故北面而弦；宗祝辨乎宗庙之礼，故后尸；商祝辨乎丧礼，故后主人。是故德成而上，艺成而下，行成而先，事成而后。是故先王有上有下，有先有后，然后可以有制于天下也。

——《乐记第十九》

# 三十一、子夏与魏文侯
## 论音乐之溺音德音

魏文侯问于子夏曰："吾端冕而听古乐，则唯恐卧；听郑卫之音，则不知倦。敢问：古乐之如彼何也？新乐之如此何也？"

子夏对曰："今夫古乐，进旅退旅，和正以广；弦匏笙簧，会守拊鼓；始奏以文，复乱以武；治乱以相，讯疾以雅；君子于是语，于是道古，修身及家，平均天下。此古乐之发也。今夫新乐，进俯退俯，奸声以滥，溺而不止；及优侏儒，獶杂子女，不知父子；乐终不可以语，不可以道古。此新乐之发也。今君之所问者乐也，所好者音也。夫乐者，与音相近而不同。"

文侯曰："敢问何如"

子夏对曰："夫古者天地顺而四时当，民有德而五谷昌，疾疢不作而无妖祥，此之谓大当。然后圣人作为父子君臣以为纪纲，纪纲既正，天下大定；天下大定，然后正六律，和五声，弦歌《诗》《颂》。此之谓德音，德音之谓乐。《诗》云：'莫其德音，其德克明。克明克类，克长克君，王此大邦，克顺克俾，俾于文王，其德靡悔。既受帝祉，施于孙子。'此之谓也。今君之所好者，其溺音乎？"

文侯曰："敢问溺音何从出也。"

子夏对曰："郑音好滥淫志，宋音燕女溺志，卫音趋数烦志，齐音敖辟乔志。此四者，皆淫于色而害于德，是以祭祀弗用也。《诗》云：'肃雍和鸣，先祖是听。'夫肃肃，敬也。雍雍，和也。夫敬以和，何事不行为人君者，谨其所好恶而已矣。君好之，则臣为之；上行之，则民从之。《诗》云：'诱民孔易。'此之谓也。然后圣人作为鼗、鼓、椌、楬、埙、篪，此六者，德音之音也。然后钟、磬、竽、瑟以和之，干、戚、旄、狄以舞之。此所以祭先王之庙也，所以献、酬、酳、酢也，所以官序贵贱各得其宜也，所以示后世有尊卑长幼之序也。"

"钟声铿，铿以立号，号以立横，横以立武。君子听钟声，则思武臣。石声磬，磬以立辨，辨以致死。君子听磬声，则思死封疆之臣。丝声哀，哀以立廉，廉以立志。君子听琴瑟之声则思志义之臣。竹声滥，滥以立会，会以聚众。君子听竽笙箫管之声，则思畜聚之臣。鼓鼙之声讙，讙以立动，动以进众。君子听鼓鼙之声，则思将帅之臣。君子之听音，非听其铿锵而已也，彼亦有所合之也。"

——《乐记第十九》

# 三十二、孔子论周乐舞《武》与武王息兵兴"五教"大礼

宾牟贾侍坐于孔子，孔子与之言。及乐，曰："夫《武》之备戒之已久，何也"对曰："病不得众也。""咏叹之，淫液之，何也？"对曰："恐不逮事也。"

"发扬蹈厉之已早，何也"对曰："及时事也。"

"《武》坐，致右宪左，何也"对曰："非《武》坐也。"

"声淫及商，何也？"对曰："非《武》音也。"

子曰："若非《武》音，则何音也？"对曰："有司失其传也。若非有司失其传，则武王之志荒矣。"子曰："唯。丘之闻诸苌弘，亦若吾子之言是也。"

宾牟贾起，免席而请曰："夫《武》之备戒之已久，则既闻命矣。敢问：迟之，迟而又久，何也？"

子曰："居，吾语汝。夫乐者，象成者也。揔干而山立，武王之事也；发扬蹈厉，太公之志也。《武》乱皆坐，周、召之治

也。且夫《武》，始而北出，再成而灭商，三成而南，四成而南国是疆，五成而分，周公左，召公右，六成复缀，以崇。天子夹，振之而驷伐，盛威于中国也。分夹而进，事早济也，久立于缀，以待诸侯之至也。"

"且女独未闻牧野之语乎？武王克殷反商，未及下车而封黄帝之后于蓟，封帝尧之后于祝，封帝舜之后于陈；下车而封夏后氏之后于杞，投殷之后于宋，封王子比干之墓，释箕子之囚，使之行商容而复其位。庶民弛政，庶士倍禄。济河而西，马散之华山之阳而弗复乘，牛散之桃林之野而弗复服，车甲衅而藏之府库而弗复用，倒载干戈，包之以虎皮，将帅之士使为诸侯，名之曰建橐。然后知武王之不复用兵也。"

"散军而郊射，左射《狸首》，右射《驺虞》，而贯革之射息也；裨冕搢笏，而虎贲之士说剑也；祀乎明堂，而民知孝；朝觐，然后诸侯知所以臣；耕藉，然后诸侯知所以敬。五者，天下之大教也。"

"食三老五更于大学，天子袒而割牲，执酱而馈，执爵而酳，冕而揔干，所以教诸侯之弟也。若此，则周道四达，礼乐交通，则夫《武》之迟久不亦宜乎！"

——《乐记第十九》

# 三十三、君子论乐以治心与礼以治身

君子曰："礼乐不可斯须去身。致乐以治心，则易、直、子、谅之心油然生矣。易直子谅之心生则乐，乐则安，安则久，久则天，天则神。天则不言而信，神则不怒而威，致乐以治心者也。

"致礼以治躬则庄敬，庄敬则严威。心中斯须不和不乐，而鄙诈之心入之矣。外貌斯须不庄不敬，而易慢之心入之矣。故乐也者，动于内者也。礼也者，动于外者也。乐极和，礼极顺，内和而外顺，则民瞻其颜色而弗与争也，望其容貌而民不生易慢焉。故德辉动于内而民莫不承听，理发诸外而民莫不承顺。故曰：致礼乐之道，举而错之，天下无难矣。"

"乐也者，动于内者也。礼也者，动于外者也。故礼主其减，乐主其盈。礼减而进，以进为文；乐盈而反，以反为文。礼减而不进则销，乐盈而不反则放，故礼有报而乐有反。礼得其报则乐，乐得其反则安。礼之报，乐之反，其义一也。"

"夫乐者，乐也，人情之所不能免也。乐必发于声音，形于动静，人之道也。声音动静，性术之变尽于此矣。故人不耐无乐，乐不耐无形。形而不为道，不耐无乱。先王耻其乱，故制《雅》《颂》之声以道之，使其声足乐而不流，使其文足论而不息，使其曲、直、繁瘠、廉肉、节奏足以感动人之善心而已矣，不使放心邪气得接焉。是先王立乐之方也。"

　　"是故乐在宗庙之中，君臣上下同听之则莫不和敬；在族长乡里之中，长幼同听之则莫不和顺；在闺门之内，父子兄弟同听之则莫不和亲。故乐者，审一以定和，比物以饰节，节奏合以成文，所以合和父子君臣、附亲万民也。是先王立乐之方也。"

　　"故听其《雅》《颂》之声，志意得广焉。执其干戚，习其俯仰诎伸，容貌得庄焉。行其缀兆，要其节奏，行列得正焉，进退得齐焉。故乐者，天地之命，中和之纪，人情之所不能免也。"

　　"夫乐者，先王之所以饰喜也。军旅铁钺者，先王之所以饰怒也。故先王之喜怒，皆得其侪焉。喜则天下和之，怒则暴乱者畏之。先王之道，礼乐可谓盛矣！"

——《乐记第十九》

# 三十四、乐师乙与子贡论声歌不同为言而不已

子赣见师乙而问焉。曰:"赐闻声歌各有宜也。如赐者宜何歌也?"

师乙曰:"乙,贱工也,何足以问所宜?请诵其所闻,而吾子自执焉。宽而静,柔而正者宜歌《颂》;广大而静,疏达而信者,宜歌《大雅》;恭俭而好礼者,宜歌《小雅》;正直而静,廉而谦者,宜歌《风》;肆直而慈爱者,宜歌《商》;温良而能断者,宜歌《齐》。"

"夫歌者,直己而陈德也,动己而天地应焉,四时和焉,星辰理焉,万物育焉。故《商》者,五帝之遗声也,商人识之,故谓之《商》;《齐》者,三代之遗声也,齐人识之,故谓之《齐》。明乎《商》之音者,临事而屡断;明乎《齐》之音者,见利而让。临事而屡断,勇也;见利而让,义也。有勇有义,非歌孰能保此?"

"故歌者上如抗,下如队(坠),曲如折,止如槁木,倨

中矩，句中钩，累累乎端如贯珠。

"故歌之为言也，长言之也。说之，故言之；言之不足，故长言之；长言之不足，故嗟叹之；嗟叹之不足，故不知手之舞之，足之蹈之也。"《子贡问乐》

——《乐记第十九》

# 三十五、论"男子不死于妇人 之手"及临丧诸礼

疾病，外内皆扫，君大夫彻（撤）县（悬挂的磬），士去琴瑟。寝东首于北牖下。废床，彻亵衣，加新衣，体一人。男女改服。属纩以俟绝气。男子不死于妇人之手，妇人不死于男子之手。君、夫人卒于路寝（正居室），大夫、世妇卒于适寝；内子未命则死于下室，迁尸于寝；士、士之妻皆死于寝。

复（招魂），有林麓则虞人设阶，无林麓则狄人设阶。小臣复，复者朝服。君以卷，夫人以屈狄，大夫以玄赪，世妇以襢衣，士以爵弁，士妻以税衣，皆升自东荣，中屋履危，北面三号，捲衣投于前，司命受之，降自西北荣。其为宾，则公馆复，私馆不复。其在野，则升其乘车之左毂而复。复衣不以衣尸，不以敛。妇人复不以袡。凡复，男子称名，妇人称字。唯哭先复，复而后行死事。

始卒，主人啼，兄弟哭，妇人哭，踊。既正尸，子坐于东方；卿、大夫、父、兄、子姓立于东方；有司庶士哭于堂下，

北面；夫人坐于西方，内命妇、姑、姊、妹、子姓立于西方；外命妇率外宗哭于堂上，北面。

大夫之丧，主人坐于东方，主妇坐于西方，其有命夫、命妇则坐，无则皆立。

士之丧，主人、父、兄、子姓皆坐于东方，主妇、姑、姊、妹子姓皆坐于西方。凡哭尸于室者，主人二手承衾而哭。

——《丧大记第二十二》

# 三十六、论生死魂魄诸称谓及不忘复始之礼

大凡生于天地之间者皆曰命。

其万物死，皆曰折；人死曰鬼。此五代之所不变也。

——《祭法第二十三》

宰我曰："吾闻鬼神之名，而不知其所谓。"

子曰："气也者，神之盛也。魄也者，鬼之盛也。合鬼与神，教之至也。众生必死，死必归土，此之谓鬼。骨肉毙于下，阴为野土。其气发扬于上，为昭明，焄蒿凄怆，此百物之精也，神之著也。因物之精，制为之极，明命鬼神，以为黔首则，百众以畏，万民以服。圣人以是为未足也，筑为宫室，谓为宗祧，以别亲疏远迩，教民反古复始，不忘其所由生也。众之服自此，故听且速也。二端既立，报以二礼。建设朝事，燔燎膻芗，见以萧光，以报气也，此教众反始也。荐黍稷，羞肝肺首心，见间以侠甒，加以郁鬯，以报魄也。教民相爱，上下

用情，礼之至也。"

"君子反古复始，不忘其所由生也，是以致其敬，发其情，竭力从事以报其亲，不敢弗尽也。是故昔者天子为藉千亩，冕而朱纮，躬秉耒。诸侯为藉百亩，冕而青纮，躬秉耒，以事天地、山川、社稷、先古，以为醴酪齐盛，于是乎取之，敬之至也。"

——《祭义第二十四》

# 三十七、君子论礼得报则乐，乐得返则安

君子曰："礼乐不可斯须去身。致乐以治心，则易直子谅之心油然生矣。易直子谅之心生则乐，乐则安，安则久，久则天，天则神。天则不言而信，神则不怒而威。"

"致乐以治心者也。致礼以治躬则庄敬，庄敬则严威。心中斯须不和不乐，而鄙诈之心入之矣；外貌斯须不庄不敬，而慢易之心入之矣。故乐也者，动于内者也；礼也者，动于外者也。乐极和，礼极顺，内和而外顺，则民瞻其颜色而不与争也，望其容貌而众不生慢易焉。故德辉动乎内而民莫不承听，理发乎外而众莫不承顺。故曰：'致礼乐之道而天下塞焉，举而错之无难矣。'乐也者，动于内者也。礼也者，动于外者也。故礼主其减，乐主其盈。礼减而进，以进为文；乐盈而反，以反为文。礼减而不进则销，乐盈而不反则放，故礼有报而乐有反。"

"礼得其报则乐，乐得其反则安。礼之报，乐之反，其义一也。"

——《祭义第二十四》

# 三十八、论"君子履霜露"而有终身之丧

祭不欲数，数则烦，烦则不敬。祭不欲疏，疏则怠，怠则忘。是故君子合诸天道，春禘秋尝。霜露既降，君子履之，必有凄怆之心，非其寒之谓也。春雨露既濡，君子履之，必有怵惕之心，如将见之。乐以迎来，哀以送往，故禘有乐而尝无乐。

致斋于内，散斋于外。斋之日，思其居处，思其笑语，思其志意，思其所乐，思其所嗜。斋三日，乃见其所为斋者。

祭之日，入室，僾然必有见乎其位；周还出户，肃然必有闻乎其容声；出户而听，忾然必有闻乎其叹息之声。是故先王之孝也，色不忘乎目，声不绝乎耳，心志嗜欲不忘乎心。致爱则存，致悫则著。著存不忘乎心，夫安得不敬乎！

君子生则敬养，死则敬享，思终身弗辱也。君子有终身之丧，忌日之谓也。忌日不用，非不祥也，言夫日，志有所至，而不敢尽其私也。

唯圣人为能飨帝，孝子为能飨亲。飨者乡也，乡之然后能飨焉。是故孝子临尸而不怍。君牵牲，夫人奠盎；君献尸，夫人荐豆；卿大夫相君，命妇相夫人。斋斋乎其敬也！愉愉乎其忠也！勿勿诸其欲其飨之也！

文王之祭也，事死者如事生，思死者如不欲生，忌日必哀，称讳如见亲。祀之忠也，如见亲之所爱，如欲色然，其文王与？《诗》云："明发不寐，有怀二人。"文王之诗也。祭之明日，明发不寐，飨而致之，又从而思之。祭之日，乐与哀半；飨之必乐，已至必哀。


仲尼尝，奉荐而进，其亲也悫，其行趋趋以数。已祭，子赣问曰："子之言祭，济济漆漆然。今子之祭，无济济漆漆，何也"子曰："济济者，容也远也。漆漆者，容也自反也。容以远，若容以自反也，夫何神明之及交夫何济济漆漆之有乎反馈乐成，荐其荐俎，序其礼乐，备其百官，君子致其济济漆漆，夫何慌惚之有乎？夫言岂一端而已，夫各有所当也。"

——《祭义第二十四》

# 三十九、论孝子成人之道与君主领治天下"五贵""五致"之礼

孝子之祭也，尽其悫而悫焉，尽其信而信焉，尽其敬而敬焉，尽其礼而不过失焉。进退必敬，如亲听命，则或使之也。孝子之祭可知也；其立之也敬以诎，其进之也敬以愉，其荐之也敬以欲，退而立，如将受命，已彻而退，敬斋之色不绝于面。孝子之祭也：立而不诎，固也；进而不愉，疏也；荐而不欲，不爱也；退立而不如受命，敖也；已彻而退无敬斋之色，而忘本也。如是而祭，失之矣。

孝子之有深爱者必有和气，有和气者必有愉色，有愉色者必有婉容。孝子如执玉，如奉盈，洞洞属属然如弗胜，如将失之。严威俨恪，非所以事亲也，成人之道也。

先王之所以治天下者五：贵有德，贵贵，贵老，敬长，慈幼。此五者，先王之所以定天下也。

贵有德何为也为其近于道也。贵贵，为其近于君也。贵老，为其近于亲也。敬长，为其近于兄也。慈幼，为其近于子也。

是故至孝近乎王，至弟近乎霸。至孝近乎王，虽天子必有父；至弟近乎霸，虽诸侯必有兄。先王之教，因而弗改，所以领天下国家也。

子曰："立爱自亲始，教民睦也。立教自长始，教民顺也。教以慈睦而民贵有亲，教以敬长而民贵用命。孝以事亲，顺以听命，错诸天下，无所不行。"

郊之祭，大报天而主日，配以月。夏后氏祭其暗，殷人祭其阳，周人祭日以朝及暗。祭日于坛，祭月于坎，以别幽明，以制上下。祭日于东，祭月于西，以别外内，以端其位。日出于东，月生于西，阴阳长短，终始相巡，以致天下之和。

天下之礼，致反始也，致鬼神也，致和用也，致义也，致让也。致反始，以厚其本也。致鬼神，以尊上也。致物用，以立民纪也。致义，则上下不悖逆矣。致让，以去争也。合此五者以治天下之礼也，虽有奇邪，而不治者则微矣。

——《祭统第二十五》

# 四十、论祭为教本与"祭有十伦"之礼

夫祭之为物大矣，其兴物备矣，顺以备者也，其教之本与！是故君子之教也，外则教之以尊其君长，内则教之以孝于其亲。是故明君在上，则诸臣服从；崇事宗庙社稷，则子孙顺孝。尽其道，端其义，而教生焉。是故君子之事君也，必身行之。所不安于上，则不以使下；所恶于下，则不以事上。非诸人，行诸已，非教之道也。是故君子之教也，必由其本，顺之至也，祭其是与！故曰：祭者，教之本也已。

夫祭有十伦焉：见事鬼神之道焉，见君臣之义焉，见父子之伦焉，见贵贱之等焉，见亲疏之杀（差别）焉，见爵赏之施焉，见夫妇之别焉，见政事之均焉，见长幼之序焉，见上下之际焉。此之谓十伦。

铺筵，设同几，为依神也。诏祝于室而出于祊。此交神明之道也。

君迎牲而不迎尸，别嫌也。尸在庙门外则疑于臣，在庙中则全于君；君在庙门外则疑于君，入庙门则全于臣，全于子。是故不出者，明君臣之义也。

夫祭之道，孙为王父尸，所使为尸者，于祭者子行也。父北面而事之，所以明子事父之道也。此父子之伦也。

尸饮五，君洗玉爵献卿；尸饮七，以瑶爵献大夫；尸饮九，以散爵献士及群有司，皆以齿，明尊卑之等也。

夫祭有昭穆。昭穆者，所以别父子、远近、长幼、亲疏之序而无乱也。是故有事于大庙，则群昭群穆咸在而不失其伦。此之谓亲疏之杀也。

古者明君爵有德而禄有功，必赐爵禄于大庙，示不敢专也。故祭之日，一献，君降立于阼阶之南，南乡，所命北面，史由君右执策命之；再拜稽首，受书以归，而舍奠于其庙。此爵赏之施也。

君卷冕立于阼，夫人副袆立于东房。夫人荐豆执校，执醴授之执镫；尸酢夫人执柄，夫人受尸执足。夫妇相授受，不相袭处，酢必易爵，明夫妇之别也。

凡为俎者，以骨为主。骨有贵贱。殷人贵髀，周人贵肩，凡前贵于后。俎者，所以明察之必有惠也。是故贵者取贵骨，贱者取贱骨。贵者不重，贱者不虚，示均也。惠均则政行，政行则事成，事成则功立。功之所以立者，不可不知也。俎者，所以明惠之必均也。善为政者如此，故曰"见政事之均焉"。

凡赐爵，昭为一，穆为一，昭与昭齿，穆与穆齿。凡群有司皆以齿。此之谓长幼有序。

夫祭有畀辉、胞、翟、阍者，惠下之道也。唯有德之君为能行此。明足以见之，仁足以与之。畀之为言与也，能以其余畀其下者也。辉者，甲吏之贱者也。胞者，肉吏之贱者也。翟者，乐吏之贱者也。阍者，守门之贱者也。古者不使刑人守门。此四守者，吏之至贱者也。尸又至尊，以至尊既祭之末而不忘至贱，而以其余畀之，是故明君在上，则境内之民无冻馁者矣。此之谓上下之际。

凡祭有四时，春祭曰礿，夏祭曰禘，秋祭曰尝，冬祭曰烝。礿、禘，阳义也。尝、烝，阴义也。禘者，阳之盛也。尝者，阴之盛也。故曰"莫重于禘、尝"。古者于禘也，发爵赐服，顺阳义也。于尝也，出田邑，发秋政，顺阴义也。

——《祭统第二十五》

# 四十一、论君子观鼎铭见"二美"与"三耻"之礼

夫鼎有铭，铭者，自名也，自名以称扬其先祖之美，而明著之后世者也。

为先祖者，莫不有美焉，莫不有恶焉。铭之义，称美而不称恶，此孝子孝孙之心也。唯贤者能之。

铭者，论譔其先祖之有德善、功烈、勋劳、庆赏、声名，列于天下，而酌之祭器，自成其名焉，以祀其先祖者也。显扬先祖，所以崇孝也。身比焉，顺也。明示后世，教也。夫铭者，一称而上下皆得焉耳矣。

是故君子之观于铭也，既美其所称，又美其所为。为之者，明足以见之，仁足以与之，知足以利之，可谓贤矣。贤而勿伐，可谓恭矣。

故卫孔悝之鼎铭曰："六月丁亥，公假于大庙。公曰：'叔舅！乃祖庄叔左右成公。成公乃命庄叔随难于汉阳，即宫于宗

周，奔走无射。启右献公。献公乃命成叔纂乃祖服。乃考文叔，兴旧耆欲，作率庆士，躬恤卫国，其勤公家，夙夜不解，民咸曰休哉！'公曰：'叔舅！予女铭，若纂乃考服。'悝拜稽首，曰：'对扬以辟之。'勤大命施于烝彝鼎。"此卫孔悝之鼎铭也。

古之君子论谍其先祖之美而明著之后世者也，以比其身，以重其国家如此。

子孙之守宗庙社稷者，其先祖无美而称之，是诬也；有善而弗知，不明也；知而弗传，不仁也。此三者，君子之所耻也。

——《祭统第二十五》

# 四十二、论成康念周公而尊鲁之殊礼

昔者周公旦有勋劳于天下，周公既没，成王、康王追念周公之所以勋劳者，而欲尊鲁，故赐之以重祭。外祭则郊、社是也；内祭，则大尝、禘是也。

夫大尝禘，升歌《清庙》，下而管《象》；朱干玉戚以舞《大武》，八佾以舞《大夏》，此天子之乐也。康周公，故以赐鲁也。子孙纂之，至于今不废，所以明周公之德，而又以重其国也。

——《祭统第二十五》

# 四十三、论安上治民正国之礼

发号出令而民说谓之和；上下相亲谓之仁，民不求其所欲而得之谓之信，除去天地之害谓之义。义与信，和与仁，霸王之器也。有治民之意而无其器，则不成。

礼之于正国也，犹衡之于轻重也，绳墨之于曲直也，规矩之于方圜也。故衡诚县，不可欺以轻重；绳墨诚陈，不可欺以曲直；规矩诚设，不可欺以方圜；君子审礼，不可诬以奸诈。是故隆礼、由礼谓之有方之士，不隆礼、不由礼谓之无方之民，敬让之道也。故以奉宗庙则敬，以入朝廷则贵贱有位，以处室家则父子亲、兄弟和，以处乡里则长幼有序。孔子曰："安上治民，莫善于礼。"此之谓也。

故朝觐之礼，所以明君臣之义也；聘问之礼，所以使诸侯相尊敬也；丧祭之礼，所以明臣子之恩也；乡饮酒之礼，所以明长幼之序也；婚姻之礼，所以明男女之别也。夫礼禁乱之所由生，犹坊止水之所自来也。故以旧坊为无所用而坏之者，必有水败；以旧礼为无所用而去之者，必有乱患。

故婚姻之礼废，则夫妇之道苦，而淫辟之罪多矣。乡饮酒之礼废，则长幼之序失，而争斗之狱繁矣。丧祭之礼废，则臣子之恩薄，而倍死忘生者众矣。聘觐之礼废，则君臣之位失，诸侯之行恶，而倍畔侵陵之败起矣。

故礼之教化也微，其止邪也于未形，使人日徙善远罪而不自知也，是以先王隆之也。《易》曰："君子慎始，差若毫厘，缪以千里。"此之谓也。

——《经解第二十六》

# 四十四、孔子与鲁哀公论君子"六大"之礼

哀公问于孔子曰:"大礼何如?君子之言礼,何其尊也?"孔子曰:"丘也小人,不足以知礼。"君曰:"否。吾子言之也。"

孔子曰:"丘闻之:民之所由生,礼为大。非礼无以节事天地之神也,非礼无以辨君臣、上下、长幼之位也,非礼无以别男女、父子、兄弟之亲,婚姻、疏数之交也。君子以此之为尊敬然。然后以其所能教百姓,不废其会节。有成事,然后治其雕镂、文章、黼黻以嗣。其顺之,然后言其丧筭,备其鼎俎,设其豕腊,修其宗庙,岁时以敬祭祀,以序宗族,即安其居,节丑其衣服,卑其宫室,车不雕几,器不刻镂,食不二味,以与民同利。昔之君子之行礼者如此。"

公曰:"今之君子胡莫行之也?"

孔子曰:"今之君子好实无厌,淫德不倦,荒怠傲慢,固民是尽,午其众以伐有道,求得当欲不以其所。昔之用民者由前,今之用民者由后。今之君子莫为礼也。"

孔子侍坐于哀公。哀公曰："敢问人道谁为大？"

孔子愀然作色而对曰："君之及此言也，百姓之德也，固臣敢无辞而对。人道政为大。"

公曰："敢问何谓为政？"孔子对曰："政者，正也。君为正，则百姓从政矣。君之所为，百姓之所从也。君所不为，百姓何从。"

公曰："敢问为政如之何？"孔子对曰："夫妇别，父子亲，君臣严。三者正，则庶物从之矣。"

公曰："寡人虽无似也，愿闻所以行三言之道，可得闻乎？"孔子对曰："古之为政，爱人为大。所以治爱人，礼为大。所以治礼，敬为大。敬之至矣，大婚为大，大婚至矣。大婚既至，冕而亲迎，亲之也。亲之也者，亲之也。是故，君子兴敬为亲，舍敬是遗亲也。弗爱不亲，弗敬不正。爱与敬，其政之本与！"

公曰："寡人愿有言然。冕而亲迎，不已重乎？"

孔子愀然作色而对曰："合二姓之好，以继先圣之后，以为天地、宗庙、社稷之主，君何谓已重乎？"

公曰："寡人固。不固，焉得闻此言也。寡人欲问，不得其辞，请少进。"孔子曰："天地不合，万物不生。大婚，万世之嗣也，君何谓已重焉！"

孔子遂言曰："内以治宗庙之礼，足以配天地之神明；出以治直言之礼，足以立上下之敬。物耻足以振之，国耻足以兴之。为政先礼。礼其政之本与！"

孔子遂言曰："昔三代明王之政，必敬其妻子也有道。妻也者，亲之主也，敢不敬与？子也者，亲之后也，敢不敬与？君子无不敬也，敬身为大。身也者，亲之枝也，敢不敬与？不能敬其身，是伤其亲；伤其亲，是伤其本；伤其本，枝从而亡。三者，百姓之象也。身以及身，子以及子，妃以及妃，君行此三者，则忾乎天下矣，大王之道也。如此则国家顺矣。"（六大：礼、政、爱、敬、婚、身。）

——《哀公问第二十七》

# 四十五、孔子与鲁哀公论敬身
# 成身"不过乎物"

公曰:"敢问何谓敬身?"

孔子对曰:"君子过言则民作辞,过动则民作则。君子言不过辞,动不过则,百姓不命而敬恭。如是,则能敬其身;能敬其身,则能成其亲矣。"

公曰:"敢问何谓成亲?"孔子对曰:"君子也者,人之成名也。百姓归之名,谓之君子之子,是使其亲为君子也,是为成其亲之名也已。"孔子遂言曰:"古之为政,爱人为大。不能爱人,不能有其身;不能有其身,不能安土;不能安土,不能乐天;不能乐天,不能成其身。"

公曰:"敢问何谓成身?"孔子对曰:"不过乎物。"(凡事不过度)

公曰:"敢问君子何贵乎天道也"孔子对曰:"贵其不已。如日月东西相从而不已也，是天道也。不闭其久，是天道也。无为而物成，是天道也。已成而明，是天道也。"

公曰："寡人蠢愚冥烦，子志之心也。"孔子蹴然辟席而对曰："仁人不过乎物，孝子不过乎物。是故仁人之事亲也如事天，事天如事亲，是故孝子成身。"

公曰："寡人既闻此言也，无如后罪何？"

孔子对曰："君之及此言也，是臣之福也。"

——《哀公问第二十七》

子曰："礼也者，理也。乐也者，节也。君子无理不动，无节不作。"

——《仲尼燕居第二十八》

# 四十六、孔子与子夏论"民之父母" 与"三无五至五起"之礼

　　孔子闲居，子夏侍。子夏曰："敢问《诗》云'凯弟君子，民之父母'，何如斯可谓民之父母矣？"孔子曰："夫民之父母乎，必达于礼乐之原，以致五至，而行三无，以横于天下，四方有败，必先知之。此之谓民之父母矣。"

　　子夏曰："民之父母既得而闻之矣，敢问何谓五至？"孔子曰："志之所至，诗亦至焉；诗之所至，礼亦至焉；礼之所至，乐亦至焉；乐之所至，哀亦至焉。哀乐相生。是故正明目而视之，不可得而见也；倾耳而听之，不可得而闻也；志气塞乎天地。此之谓五至。"

　　子夏曰："五至既得而闻之矣，敢问何谓三无？"孔子曰："无声之乐，无体之礼，无服之丧，此之谓三燕。"
　　子夏曰："三无既得略而闻之矣，敢问何诗近之？"孔子曰：

"'夙夜其命宥密'，无声之乐也。'威仪逮逮，不可选也'，无体之礼也。'凡民有丧，匍匐救之'，无服之丧也。"

子夏曰："言则大矣，美矣，盛矣！言尽于此而已乎？"孔子曰："何为其然也！君子之服之也，犹有五起焉。"子夏曰："何如？"孔子曰："无声之乐，气志不违；无体之礼，威仪迟迟；无服之丧，内恕孔悲。无声之乐，气志既得；无体之礼，威仪翼翼；无服之丧，施及四国。无声之乐，气志既从；无体之礼，上下和同；无服之丧，以畜万邦。无声之乐，日闻四方；无体之礼，日就月将；无服之丧，纯德孔明。无声之乐，气志既起；无体之礼，施及四海；无服之丧，施于孙子。"

——《孔子闲居第二十九》

# 四十七、孔子论"君子之道"与"坊礼"

子言之："君子之道辟则坊（防）与！坊民之所不足者也。"大为之坊，民犹逾之。故君子礼以坊德，刑以坊淫，命以坊欲。

子云："小人贫斯约，富斯骄。约斯盗，骄斯乱。礼者，因人之情而为之节文，以为民坊者也。故圣人之制富贵也，使民富不足以骄，贫不至于约，贵不慊于上，故乱益亡。"

子云："贫而好乐，富而好礼，众而以宁者，天下其几矣。《诗》云：'民之贪乱，宁为荼毒。'故制国不过千乘，都城不过百雉，家富不过百乘。以此坊民，诸侯犹有畔者。"

子云："夫礼者，所以章疑别微，以为民坊者也。故贵贱有等，衣服有别，朝廷有位，则民有所让。"

子云："天无二日，士无二王，家无二主，尊无二上，示民有君臣之别也。《春秋》不称楚、越之王丧。礼君不称天，大夫不称君，恐民之惑也。《诗》云：'相彼盍旦，尚犹患之。'"

子云："君不与同姓同车，与异姓同车不同服，示民不嫌也。以此坊民，民犹得同姓以弑其君。"

子云："君子贵人而贱己，先人而后己，则民作让。故称人之君曰君，自称其君曰寡君。"

子云："利禄先死者而后生者，则民不背；先亡者而后存者，则民可以托。《诗》云：'先君之思，以畜寡人。'以此坊民，民犹背死而号无告。"

子云："有国家者贵人而贱禄，则民兴让；尚技而贱车，则民兴艺。故君子约言，小人先言。"

子云："上酌民言，则下天上施。上不酌民言，则犯也；下不天上施，则乱也。故君子信让以莅百姓，则民之报礼重。《诗》云：'先民有言，询于刍荛。'"

子云："善则称人，过则称己，则民不争。善则称人，过则称己，则怨益亡。《诗》云：'尔卜尔筮，履无咎言。'"

子云:"善则称人,过则称己,则民让善。《诗》云:'考卜惟王,度是镐京。惟龟正之,武王成之。'"

子云:"善则称君,过则称己,则民作忠。《君陈》曰:'尔有嘉谋嘉猷,入告尔君于内,女乃顺之于外,曰:'此谋此猷,惟我君之德。'於乎!是惟良显哉!"

子云:"善则称亲,过则称己,则民作孝。《大誓》曰:'予克纣,非予武,惟朕文考无罪。纣克予,非朕文考有罪,惟予小子无良。'"

子云:"君子弛其亲之过,而敬其美。"《论语》曰:"三年无改于父之道,可谓孝矣。"高宗云:"三年其惟不言,言乃讙。"

子云:"从命不忿,微谏不倦,劳而不怨,可谓孝矣。《诗》云:'孝子不匮。'"

子云:"睦于父母之党,可谓孝矣。故君子因睦以合族。《诗》云:'此令兄弟,绰绰有裕。不令兄弟,交相为愈。'"

子云:"于父之执,可以乘其车,不可以衣其衣。君子以广孝也。"

子云:"小人皆能养其亲,君子不敬,何以辨?"

子云:"父子不同位,以厚敬也。《书》云:'厥辟不辟,忝厥祖。'"

子云:"父母在,不称老,言孝不言慈。闺门之内,戏而不叹。君子以此坊民,民犹薄于孝而厚于慈。"

子云:"长民者,朝廷敬老,则民作孝。"

子云："祭祀之有尸也，宗庙之主也，示民有事也。修宗庙，敬祀事，教民追孝也。以此坊民，民犹忘其亲。"

子云："敬则用祭器，故君子不以菲废礼，不以美没礼。故食礼，主人亲馈则客祭，主人不亲馈则客不祭。故君子苟无礼，虽美不食焉。《易》曰：'东邻杀牛，不如西邻之禴祭，实受其福。'《诗》云：'既醉以酒，既饱以德。'以此示民，民犹争利而忘义。"

子云："宾礼每进以让，丧礼每加以远。浴于中溜，饭于牖下，小敛于户内，大敛于阼，殡于客位，祖于庭，葬于墓，所以示远也。殷人吊于圹，周人吊于家，示民不偝也。"子云："死，民之卒事也，吾从周。以此坊民，诸侯犹有薨而不葬者。"

子云："孝以事君，弟以事长"，示民不贰也。故君子有君不谋仕，唯卜之日称二君。丧父三年，丧君三年，示民不疑也。父母在，不敢有其身，不敢私其财，示民有上下也。故天子四海之内无客礼，莫敢为主焉。故君适其臣，升自阼阶，即位于堂，示民不敢有其室也。父母在，馈献不及车马，示民不敢专也。以此坊民，民犹忘其亲而其君。"

子云："礼之先币帛也，欲民之先事而后禄也。先财而后礼则民利，无辞而行情则民争，故君子于有馈者，弗能见则不视其馈。《易》曰：'不耕获，不菑畲，凶。'以此坊民，民犹贵禄而贱行。"

子云："君子不尽利，以遗民。"《诗》云：'彼有遗秉，此有不敛穧，伊寡妇之利。'故君子仕则不稼，田则不渔，食时不力珍。大夫不坐羊，士不坐犬。《诗》云：'采葑采菲，无以下体。德音莫违，及尔同死。'以此坊民，民犹忘义而争利，以亡其身。"

子云："夫礼，坊民所淫，章民之别，使民无嫌，以为民纪者也。故男女无媒不交，无币不相见，恐男女之无别也。以此坊民，民犹有自献其身。《诗》云：'伐柯如之何？匪斧不克。取妻如之何？匪媒不得。蓺麻如之何？横从其亩。取妻如之何？必告父母。'"

子云："取妻不取同姓，以厚别也。故买妾不知其姓，则卜之。以此坊民，鲁《春秋》犹去夫人之姓，曰'吴'，其死曰'孟子卒'。"

子云："寡妇之子，不有见焉，则弗友也，君子以辟远也。故朋友之交，主人不在，不有大故，则不入其门。以此坊民，民犹以色厚于德。"
子云："好德如好色。诸侯不下渔色，故君子远色以为民纪。故男女授受不亲。御妇人则进左手。姑、姊、妹、女子子已嫁而反，男子不与同流而坐。寡妇不夜哭。妇人疾，问之，不问其疾。以此坊民，民犹淫泆而乱于族。"

子云："婚礼，婿亲迎，见于舅姑，舅姑承子以授婿，恐事之违也。以此坊民，妇犹有不至者。"

——《坊记第三十》

# 四十八、论"中庸"之道
## （《中庸》全文）

　　天命之谓性，率性之谓道，修道之谓教。道也者，不可须臾离也，可离非道也。是故君子戒慎乎其所不睹，恐惧乎其所不闻。莫见乎隐，莫显乎微，故君子慎其独也。喜怒哀乐之未发，谓之中；发而皆中节，谓之和。中也者，天下之大本也；和也者，天下之达道也。致中和，天地位焉，万物育焉。

　　仲尼曰："君子中庸，小人反中庸。君子之中庸也，君子而时中；小人之中庸也，小人而无忌惮也。"

　　子曰："中庸其至矣乎！民鲜能久矣！"
　　子曰："道之不行也，我知之矣，知者过之，愚者不及也；道之不明也，我知之矣，贤者过之，不肖者不及也。人莫不饮食也，鲜能知味也。"
　　子曰："道其不行矣夫！"

子曰："舜其大知也与！舜好问而好察迩言，隐恶而扬善，执其两端，用其中于民，其斯以为舜乎！"

子曰："人皆曰予知！驱而纳诸罟擭陷阱之中，而莫之知避也。人皆曰予知，择乎中庸而不能期月守也。"

子曰："回之为人也，择乎中庸，得一善，则拳拳服膺而弗失之矣。"

子曰："天下国家可均也，爵禄可辞也，白刃可蹈也，中庸不可能也。"

子路问强。子曰："南方之强与？北方之强与？抑而强与？宽柔以教，不报无道，南方之强也，君子居之。衽金革，死而不厌，北方之强也，而强者居之。古君子和而不流，强哉矫！中立而不倚，强哉矫！国有道，不变塞焉，强哉矫！国无道，至死不变，强哉矫！"

子曰："素隐行怪，后世有述焉，吾弗为之矣。君子遵道而行，半途而废，吾弗能已矣。君子依乎中庸，遁世不见知而不悔，惟圣者能之。"

"君子之道费而隐。夫妇之愚，可以与知焉，及其至也，虽圣人亦有所不知焉；夫妇之不肖，可以能行焉，及其至也，虽圣人亦有所不能焉。天地之大也，人犹有所憾。故君子语大，天下莫能载焉；语小，天下莫能破焉。《诗》云：'鸢飞戾天，鱼跃于渊。'言其上下察也。君子之道，造端乎夫妇；及其至也，察乎天地。"

子曰："道不远人。人之为道而远人，不可以为道。《诗》云：'伐柯伐柯，其则不远。'执柯以伐柯，睨而视之，犹以为远。故君子以人治人，改而止。忠恕违道不远，施诸己而不愿，亦勿施于人。君子之道四，丘未能一焉：所求乎子，以事父未能也；所求乎臣，以事君未能也；所求乎弟，以事兄未能也；所求乎朋友，先施之未能也。庸德之行，庸言之谨，有所不足，不敢不勉，有余不敢尽；言顾行，行顾言，君子胡不慥慥尔！"


"君子素其位而行，不愿乎其外。素富贵，行乎富贵；素贫贱，行乎贫贱；素夷狄，行乎夷狄；素患难，行乎患难；君子无入而不自得焉。在上位不陵下，在下位不援上，正己而不求于人则无怨。上不怨天，下不尤人。故君子居易以俟命，小人行险以侥幸。"

子曰："射有似乎君子，失诸正鹄，反求诸其身。"


"君子之道，譬如行远必自迩，譬如登高必自卑。《诗》曰：'妻子好合，如鼓瑟琴；兄弟既翕，和乐且耽；宜尔室家，宜尔妻孥。'"

子曰:"鬼神之为德,其盛矣乎!视之而弗见,听之而弗闻,体物而不可遗。使天下之人,齐明盛服,以承祭祀。洋洋乎!如在其上,如在其左右。《诗》曰:'神之格思,不可度思!矧可射思!夫微之显,诚之不可揜如此夫。'"

子曰:"舜其大孝也与!德为圣人,尊为天子,富有四海之内。宗庙飨之,子孙保之。故大德必得其位,必得其禄,必得其名,必得其寿。故天之生物,必因其材而笃焉。故栽者培之,倾则覆之。《诗》曰:'嘉乐君子,宪宪令德!宜民宜人,受禄于天。保佑命之,自天申之!'故大德者必受命。"

子曰:"无忧者其惟文王乎!以王季为父,以武王为子,父作之,子述之。武王缵太王、王季、文王之绪。一戎衣而有天下,身不失天下之显名,尊为天子,富有四海之内。宗庙飨之,子孙保之。武王末受命,周公成文武之德,追王大王、王季,上祀先公以天子之礼。斯礼也,达乎诸侯大夫,及士庶人。父为大夫,子为士;葬以大夫,祭以士。父为士,子为大夫;葬以士,祭以大夫。期之丧达乎大夫,三年之丧达乎天子,父母之丧无贵贱一也。"

子曰:"武王、周公其达孝矣乎!夫孝者:善继人之志,善述人之事者也。春秋修其祖庙，陈其宗器，设其裳衣，荐其时食。宗庙之礼，所以序昭穆也；序爵，所以辨贵贱也；序事，所以辨贤也；旅酬下为上，所以逮贱也；燕毛，所以序齿也。践其位，行其礼，奏其乐，敬其所尊，爱其所亲，事死如事生，事亡如事存，孝之至也。郊社之礼，所以事上帝也；祖庙之礼，所以祀乎其先也。明乎郊社之礼、谛尝之义，治国其如示诸掌乎。'"

哀公问政。子曰："文武之政，布在方策。其人在，则其政举；其人亡，则其政息。人道敏政，地道敏树。夫政也者，蒲卢也。故为政在人，取人以身，修身以道，修道以仁。"

"仁者人也，亲亲为大；义者宜也，尊贤为大；亲亲之杀，尊贤之等，礼所生也。在下位，不获乎上，民不可得而治矣！故君子不可以不修身；思修身不可以不事亲；思事亲不可以不知人；思知人不可以不知天。"

"天下之达道五，所以行之者三：曰君臣也，父子也，夫妇也，昆弟也，朋友也，五者天下之达道也。知、仁、勇三者，天下之达德也，所以行之者一也。或生而知之，或学而知之，或困而知之，及其知之一也；或安而行之，或利而行之，或勉强而行之，及其成功一也。"

子曰："好学近乎知，力行近乎仁，知耻近乎勇。知斯三者，则知所以修身；知所以修身，则知所以治人；知所以治人，则知所以治天下国家矣。"

"凡为天下国家有九经，曰：修身也，尊贤也，亲亲也，敬大臣也，体群臣也，子庶民也，来百工也，柔远人也，怀诸侯也。修身则道立，尊贤则不惑，亲亲则诸父昆弟不怨，敬大臣则不眩，体群臣则士之报礼重，子庶民则百姓劝，来百工则财用足，柔远人则四方归之，怀诸侯则天下畏之。"

"齐明盛服，非礼不动，所以修身也；去谗远色，贱货而贵德，所以劝贤也；尊其位，重其禄，同其好恶，所以劝亲亲也；官盛任使，所以劝大臣也；忠信重禄，所以劝士也；时使薄敛，所以劝百姓也；日省月试，既禀称事，所以劝百工也；送往迎来，嘉善而矜不能，所以柔远人也；继绝世，举废国，治乱持危，朝聘以时，厚往而薄来，所以怀诸侯也。凡为天下国家有九经，所以行之者一也。"

"凡事豫则立，不豫则废。言前定则不跆，事前定则不困，行前定则不疚，道前定则不穷。"

"在下位不获乎上，民不可得而治矣；获乎上有道：不信乎朋友，不获乎上矣；信乎朋友有道：不顺乎亲，不信乎朋友矣；顺乎亲有道：反诸身不诚，不顺乎亲矣；诚身有道：不明乎善，不诚乎身矣。"

"诚者，天之道也；诚之者，人之道也。诚者不勉而中，不思而得，从容中道，圣人也。"

"诚之者，择善而固执之者也。博学之，审问之，慎思之，明辨之，笃行之。有弗学，学之弗能弗措也；有弗问，问之弗知弗措也；有弗思，思之弗得弗措也；有弗辨，辨之弗明弗措也；有弗行，行之弗笃弗措也；人一能之己百之，人十能之己千之。果能此道矣，虽愚必明，虽柔必强。"

自诚明，谓之性；自明诚，谓之教。诚则明矣，明则诚矣。

惟天下之至诚，为能尽其性；能尽其性，则能尽人之性；能尽人之性，则能尽物之性；能尽物之性，则可以赞天地之化育；可以赞天地之化育，则可以与天地参矣。

其次致曲，曲能有诚；诚则形，形则著；著则明，明则动；动则变，变则化，惟天下至诚为能化。

至诚之道，可以前知。国家将兴，必有祯祥；国家将亡，必有妖孽；见乎蓍龟，动乎四体。祸福将至：善，必先知之；不善，必先知之。故至诚如神。

诚者自成也，而道自道也。诚者物之终始，不诚无物。是故君子诚之为贵。诚者非成己而已也，所以成物也。成己，仁也；成物，知也。性之德也，合外内之道也，故时措之宜也。

故至诚无息。不息则久，久则征，征则悠远，悠远则博厚，博厚则高明。

博厚，所以载物也；高明，所以覆物也；悠久，所以成物也。博厚配地，高明配天，悠久无疆。如此者，不见而章，不动而变，无为而成。天地之道，可一言而尽也：其为物不贰，则其生物不测。天地之道：博也，厚也，高也，明也，悠也，久也。

今夫天，斯昭昭之多，及其无穷也，日月星辰系焉，万物覆焉。今夫地，一撮土之多，及其广厚，载华岳而不重，振河海而不泄，万物载焉。今夫山，一卷石之多，及其广大，草木生之，禽兽居之，宝藏兴焉。今夫水，一勺之多，及其不测，鼋鼍、蛟龙、鱼鳖生焉，货财殖焉。《诗》云："维天之命，於穆不已！"盖曰天之所以为天也。"于乎不显！文王之德之纯！"盖曰文王之所以为文也，纯亦不已。

大哉圣人之道！洋洋乎！发育万物，峻极于天。优优大哉！礼仪三百，威仪三千。待其人而后行。故曰："苟不至德，至道不凝焉。"故君子尊德性而道问学，致广大而尽精微，极高明而道中庸。温故而知新，敦厚以崇礼。是故居上不骄，为下不倍，国有道其言足以兴，国无道其默足以容。《诗》曰："既明且哲，以保其身"，其此之谓与！

子曰："愚而好自用，贱而好自专，生乎今之世，反乎古之道。如此者，灾及其身也。"非天子，不议礼，不制度，不考文。今天下车同轨，书同文，行同伦。虽有其位，苟无其德，不敢作礼乐焉；虽有其德，苟无其位，亦不敢作礼乐焉。

子曰："吾说夏礼，杞不足征也；吾学殷礼，有宋存焉；吾学周礼，今用之，吾从周。"

王天下有三重焉，其寡过矣乎！上焉者虽善无征，无征不信，不信民弗从；下焉者虽善不尊，不尊不信，不信民弗从。故君子之道：本诸身，征诸庶民，考诸三王而不缪，建诸天地而不悖，质诸鬼神而无疑，百世以俟圣人而不惑。质诸鬼神而无疑，知天也；百世以俟圣人而不惑，知人也。是故君子动而世为天下道．行而世为天下法，言而世为天下则。远之则有望，近之则不厌。《诗》曰："在彼无恶，在此无射；庶几夙夜，以永终誉！"君子未有不如此而早有誉于天下者也。

仲尼祖述尧舜，宪章文武；上律天时，下袭水土。辟如天地之无不持载，无不覆帱；辟如四时之错行，如日月之代明。万物并育而不相害，道并行而不相悖，小德川流，大德敦化，此天地之所以为大也。

惟天下至圣，为能聪明睿知，足以有临也；宽裕温柔，足以有容也；发强刚毅，足以有执也；齐庄中正，足以有敬也；文理密察，足以有别也。溥博渊泉，而时出之。溥博如天，渊泉如渊。见而民莫不敬，言而民莫不信，行而民莫不悦。是以声名洋溢乎中国，施及蛮貊；舟车所至，人力所通；天之所覆，地之所载，日月所照，霜露所坠；凡有血气者，莫不尊亲，故曰配天。

惟天下至诚，为能经纶天下之大经，立天下之大本，知天地之化育。夫焉有所倚肫肫其仁！渊渊其渊！浩浩其天！苟不

固聪明圣知达天德者，其孰能知之

　　《诗》曰："衣锦尚絅"。恶其文之著也。故君子之道，黯然而日章；小人之道，的然而日亡。君子之道，淡而不厌，简而文，温而理，知远之近，知风之自，知微之显，可与入德矣。《诗》云："潜虽伏矣，亦孔之昭！"故君子内省不疚，无恶于志。

　　君子之所不可及者，其惟人之所不见乎。《诗》云："相在尔室，尚不愧于屋漏。"故君子不动而敬，不言而信。《诗》曰："奏假无言，时靡有争。"是故君子不赏而民劝，不怒而民威于斧钺。《诗》曰："不显惟德！百辟其刑之。"是故君子笃恭而天下平。《诗》云："予怀明德，不大声以色。"子曰："声色之于化民，末也。"《诗》曰："德𬨎如毛"，毛犹有伦；"上天之载，无声无臭"，至矣！

——《中庸第三十一》

# 四十九、孔子论君子安仁事人之道
## 与仪表之礼

子言之："归乎！君子隐而显，不矜而庄，不厉而威，不言而信。"

子曰："君子不失足于人，不失色于人，不失口于人。是故君子貌足畏也，色足惮也，言足信也。《甫刑》曰：'敬忌而罔有择言在躬。'"

子曰："裼袭之不相因也，欲民之毋相渎也。"

子曰："祭极敬，不继之以乐。朝极辨，不继之以倦。"

子曰："君子慎以辟祸，笃以不掩，恭以远耻。"

子曰："君子庄敬日强，安肆日偷。君子不以一日使其躬儳焉如不终日。"

子曰："斋戒以事鬼神，择日月以见君，恐民之不敬也。"

子曰："狎侮，死焉而不畏也。"

子曰："无辞不相接也，无礼不相见也，欲民之毋相亵也。《易》曰：'初筮告，再三渎，渎则不告。'"

子言之："仁者，天下之表也。义者，天下之制也。报者，天下之利也。"

子曰："以德报德，则民有所劝。以怨报怨，则民有所惩。《诗》曰：'无言不雠，无德不报。'《太甲》曰：'民非后，无能胥以宁；后非民，无以辟四方。'"

子曰："以德报怨，则宽身之仁也。以怨报德，则刑戮之民也。"

子曰："无欲而好仁者，无畏而恶不仁者，天下一人而已矣。是故君子议道自己，而置法以民。"

子曰："仁有三，与仁同功而异情。与仁同功，其仁未可知也。与仁同过，然后其仁可知也。仁者安仁，知者利仁，畏罪者强仁。仁者右也，道者左也。仁者人也，道者义也。厚于仁者薄于义，亲而不尊；厚于义者薄于仁，尊而不亲。道有至、义有考。至道以王，义道以霸，考道以为无失。"

子言之："仁有数，义有长短小大。中心憯怛，爱人之仁也。率法而强之，资仁者也。《诗》云：'丰水有芑，武王岂不仕诒厥孙谋，以燕翼子。武王烝哉！'数世之仁也。《国风》曰：'我今不阅，皇恤我后。'终身之仁也。"

子曰："仁之为器重，其为道远，举者莫能胜也，行者莫能致也。取数多者，仁也。夫勉于仁者不亦难乎！是故君子以义度人，则难为人；以人望人，则贤者可知已矣。"

子曰："中心安仁者，天下一人而已矣。《大雅》曰：'德輶如毛，民鲜克举之。我仪图之，惟仲山甫举之，爱莫助之。'"

《小雅》曰："高山仰止，景行行止。"子曰："《诗》好仁如此。乡道而行，中道而废，忘身之老也，不知年数之不足，俛焉日有孳孳，毙而后已。"

子曰："仁之难成久矣，人人失其所好，故仁者之过易辞也。"子曰："恭近礼，俭近仁，信近情。敬让以行，此虽有过，其不甚矣。夫恭寡过，情可信，俭易容也。以此失之者，不亦鲜乎！《诗》曰：'温温恭人，惟德之基。'"

子曰："仁之难成久矣，惟君子能之。是故君子不以其所能者病人，不以人之所不能者愧人。是故圣人之制行也，不制以己，使民有所劝勉愧耻，以行其言。礼以节之，信以结之，容貌以文之，衣服以移之，朋友以极之，欲民之有一也。《小雅》曰：'不愧于人，不畏于天。'是故君子服其服则文以君子之容，有其容则文以君子之辞，遂其辞则实以君子之德。是故君子耻服其服而无其容，耻其容而无其辞，耻有其辞而无其德，耻有其德而无其行。是故君子衰绖则有哀色，端冕则有敬色，甲胄则有不可辱之色。《诗》云：'惟鹈在梁。不濡其翼。彼记之子，不称其服。'"

子言之："君子之所谓义者，贵贱皆有事于天下。天子亲耕，粢盛秬鬯以事上帝，故诸侯勤以辅事于天子。"

子曰："下之事上也，虽有庇民之大德，不敢有君民之心，仁之厚也。是故君子恭俭以求役仁，信让以求役礼，不自尚其事，不自尊其身，俭于位而宾于欲，让于贤，卑己而尊人，小心而畏义，求以事君，得之自是，不得自是，以听天命。《诗》

云：'莫莫葛藟，施于条枚。岂弟君子，求福不回。'其舜、禹、文王、周公之谓与有君民之大德，有事君之小心。《诗》云：'惟此文王，小心翼翼。昭事上帝，聿怀多福。厥德不回，以受方国。'"

子曰："先王谥以尊名，节以一惠，耻名之浮于行也。是故君子不自大其事，不自尚其功，以求处情；过行弗率，以求处厚；彰人之善而美人之功，以求下贤。是故君子虽自卑而民敬尊之。"子曰："后稷，天下之为烈也，岂一手一足哉！唯欲行之浮于名也，故自谓便人。"

子言之："君子之所谓仁者，其难乎！《诗》云：'岂弟君子，民之父母。'凯以强教之，弟以说安之。乐而毋荒，有礼而亲，威庄而安，孝慈而敬。使民有父之尊，有母之亲。如此而后可以为民父母矣，非至德其孰能如此乎？今父之亲子也，亲贤而下无能；母之亲子也，贤则亲之，无能则怜之。母亲而不尊，父尊而不亲。水之于民也，亲而不尊，火尊而不亲。土之于民也，亲而不尊，天尊而不亲。命之于民也，亲而不尊，鬼尊而不亲。"

子曰："夏道尊命，事鬼敬神而远之，近人而忠焉，先禄而后威，先赏而后罚，亲而不尊；其民之敝，蠢而愚，乔而野，朴而不文。殷人尊神，率民以事神，先鬼而后礼，先罚而后赏，尊而不亲；其民之敝，荡而不静，胜而无耻。周人尊礼尚施，事鬼敬神而远之，近人而忠焉，其赏罚用爵列，亲而不尊；其民之敝，利而巧，文而不惭，贼而蔽。"

子曰：“夏道未渎辞，不求备，不大望于民，民未厌其亲；殷人未渎礼，而求备于民；周人强民，未渎神，而赏爵刑罚穷矣。”

子曰：“虞夏之道，寡怨于民；殷周之道，不胜其敝。”子曰：“虞夏之质，殷周之文，至矣。虞夏之文不胜其质，殷周之质不胜其文。”

子言之曰：“后世虽有作者，虞帝弗可及也已矣。君天下，生无私，死不厚其子，子民如父母，有憯怛之爱，有忠利之教，亲而尊，安而敬，威而爱，富而有礼，惠而能散。其君子尊仁畏义，耻费轻实，忠而不犯，义而顺，文而静，宽而有辨。《甫刑》曰：‘德威惟威，德明惟明。’非虞帝其孰能如此乎？”

子言之：“事君先资其言，拜自献其身，以成其信。是故君有责于其臣，臣有死于其言。故其受禄不诬，其受罪益寡。”

子曰：“事君，大言入则望大利，小言入则望小利。故君子不以小言受大禄，不以大言受小禄。《易》曰：‘不家食，吉。’”

子曰：“事君不下达，不尚辞，非其人弗自。《小雅》曰：‘靖共尔位，正直是与。神之听之，式谷以女。’”

子曰：“事君远而谏则诌也，近而不谏则尸利也。”子曰：“迩臣守和，宰正百官，大臣虑四方。”

子曰：“事君欲谏不欲陈。《诗》云：‘心乎爱矣，瑕不谓矣？中心藏之，何日忘之？’”

子曰：“事君难进而易退，则位有序；易进而难退，则乱也。故君子三揖而进，一辞而退，以远乱也。"子曰："事君三违而不出境，则利禄也。人虽曰不要，吾弗信也。"

子曰："事君慎始而敬终。"

子曰："事君可贵可贱，可富可贫，可生可杀，而不可使为乱。"

子曰："事君，军旅不辞难，朝廷不辞贱。处其位而不履其事，则乱也。故君使其臣，得志则慎虑而从之，否则孰虑而从之，终事而退，臣之厚也。《易》曰：'不事王侯，高尚其事。'"

子曰："唯天子受命于天，士受命于君。故君命顺则臣有顺命，君命逆则臣有逆命。《诗》曰：'鹊之姜姜，鹑之贲贲。人之无良，我以为君。'"

子曰："君子不以辞尽人。故天下有道，则行有枝叶；天下无道，则辞有枝叶。是故君子于有丧者之侧，不能赙焉，则不问其所费；于有病者之侧，不能馈焉，则不问其所欲；有客不能馆，则不问其所舍。故君子之接如水，小人之接如醴。君子淡以成，小人甘以坏。小雅曰：'盗言孔甘，乱是用餤。'"

子曰："君子不以口誉人，则民作忠。故君子问人之寒则衣之，问人之饥则食之，称人之美则爵之。国风曰：'心之忧矣，于我归说。'"

子曰："口惠而实不至，怨菑及其身。是故君子与其有诺责也，宁有已怨。《国风》曰：'言笑晏晏，信誓旦旦。不思其反。反是不思，亦已焉哉！'"

子曰："君子不以色亲人。情疏而貌亲，在小人则穿窬之盗也与？"

子曰："情欲信，辞欲巧。"

子言之："昔三代明王，皆事天地之神明，无非卜筮之用，不敢以其私亵事上帝。是故不犯日月，不违卜筮。卜、筮不相袭也。大事有时日，小事无时日，有筮。外事用刚日，内事用柔日。不违龟筮。"

子曰："牲牷、礼乐、斋盛，是以无害乎鬼神，无怨乎百姓。"

子曰："后稷之祀易富也。其辞恭，其欲俭，其禄及子孙。《诗》曰：'后稷兆祀，庶无罪悔，以迄于今。'"

子曰："大人之器威敬。天子无筮，诸侯有守筮。天子道以筮。诸侯非其国不以筮，卜宅寝室。天子不卜处大庙。"

子曰："君子敬则用祭器。是以不废日月，不违龟筮，以敬事其君长；是以上不渎于民，下不亵于上。"

——《表记第三十二全文》

# 五十、孔子论君上待下的君子之礼

子言之曰:"为上易事也,为下易知也,则刑不烦矣。"

子曰:"好贤如《缁衣》,恶恶如《巷伯》,则爵不渎而民作愿,刑不试而民咸服。《大雅》曰:'仪刑文王,万国作孚。'"

子曰:"夫民教之以德,齐之以礼,则民有格心。教之以政,齐之以刑,则民有遁心。故君民者子以爱之,则民亲之;信以结之,则民不倍;恭以莅之,则民有孙心。《甫刑》曰:'苗民匪用命,制以刑,惟作五虐之刑,曰法。'是以民有恶德,而遂绝其世也。"

子曰:"下之事上也,不从其所令,从其所行。上好是物,下必有甚者矣:故上之所好恶不可不慎也,是民之表也。"

子曰:"禹立三年,百姓以仁遂焉,岂必尽仁?《诗》云:'赫赫师尹,民具尔瞻。'《甫刑》曰:'一人有庆,兆民赖之。'《大雅》曰:'成王之孚,下土之式。'"

子曰:"上好仁,则下之为仁争先人。故长民者章志、贞

教、尊仁，以子爱百姓，民致行己，以说其上矣。《诗》云：'有
梏德行，四国顺之。'"

子曰："王言如丝，其出如纶；王言如纶，其出如綍。故
大人不倡游言。可言也，不可行。君子弗言也；可行也，不可
言，君子弗行也。则民言不危行，而行不危言矣。《诗》云：'淑
慎尔止，不愆于仪。'"

子曰："君子道人以言，而禁人以行。故言必虑其所终，而
行必稽其所敝，则民谨于言而慎于行。《诗》云：'慎尔出话，敬
尔威仪。'《大雅》曰：'穆穆文王，于缉熙敬止。'"

子曰："长民者衣服不贰，从容有常，以齐其民，则民德一。
《诗》云：'彼都人士，狐裘黄黄。其容不改，出言有章，行归
于周，万民所望。'"

子曰："为上可望而知也，为下可述而志也，则君不疑于其
臣，而臣不惑于其君矣。《尹吉》曰：'惟尹躬及汤，咸有一德。'
《诗》云：'淑人君子，其仪不忒。'"

子曰："有国者章善瘅恶，以示民厚，则民情不贰。《诗》
云：'靖共尔位，好是正直。'"

子曰："上人疑则百姓惑，下难知则君长劳。故君民者，
章好以示民俗，慎恶以御民之淫，则民不惑矣。臣仪行，不重
辞，不援其所不及，不烦其所不知，则君不劳矣。《诗》云：'上
帝板板，下民卒。'《小雅》曰：'匪其止共，惟王之邛。'"

子曰："政之不行也,教之不成也,爵禄不足劝也,刑罚不足耻也,故上不可以亵刑而轻爵。《康诰》曰:'敬明乃罚。《甫刑》曰:'播刑之不迪。'"

子曰："大臣不亲,百姓不宁,则忠敬不足,而富贵已过也。大臣不治,而迩臣比矣。故大臣不可不敬也,是民之表也;迩臣不可不慎也,是民之道也。君毋以小谋大,毋以远言近,毋以内图外,则大臣不怨,迩臣不疾,而远臣不蔽矣。叶公之顾命曰:'毋以小谋败大作,毋以嬖御人疾庄后,毋以嬖御士疾庄士、大夫、卿士。'"

子曰："大人不亲其所贤,而信其所贱,民是以亲失,而教是以烦。《诗》云:'彼求我则,如不我得。执我仇仇,亦不我力。'君陈曰:'未见圣,若己弗克见;既见圣,亦不克由圣。'"

子曰："小人溺于水,君子溺于口,大人溺于民,皆在其所亵也。夫水近于人而溺人,德易狎而难亲也,易以溺人。口费而烦,易出难悔,易以溺人;夫民闭于人而有鄙心,可敬不可慢,易以溺人。故君子不可以不慎也。《太甲》曰:'毋越厥命以自覆也。'若虞机张,往省括于厥度则释。《说命》曰:'惟口起羞,惟甲胄起兵,惟衣裳在笥,惟干戈省厥躬。'太《甲》曰:'天作孽,可违也;自作孽,不可以逭。'《尹吉》曰:'惟尹躬天,见于西邑夏,自周有终,相亦惟终。'"

子曰："民以君为心,君以民为体。心庄则体舒,心肃则容敬。心好之，身必安之；君好之，民必欲之。心以体全，亦以体伤；君以民存，亦以民亡。《诗》云：'昔吾有先正，其言明且清，国家以宁，都邑以成，庶民以生。''谁能秉国成，不自为正，卒劳百姓。'《君雅》曰：'夏日暑雨，小民惟曰怨；资冬祁寒，小民亦惟曰怨。'"

子曰："下之事上也，身不正，言不信，则义不壹，行无类也。"

子曰："言有物而行有格也，是以生则不可夺志，死则不可夺名。故君子名闻，质而守之；多志，质而亲之；精知，略而行之，《君陈》曰：'出入自尔师虞，庶言同。《诗》云：'淑人君子，其仪一也。'"

子曰："唯君子能好其正，人毒其正。故君子之朋友有乡，其恶有方。是故迩者不惑而远者不疑也。《诗》云：'君子好仇。'"

子曰："轻绝贫贱而重绝富贵，则好贤不坚而恶恶不著也。人虽曰不利，吾不信也。《诗》云：'朋有攸摄，摄以威仪。'"

子曰："私惠不归德，君子不自留焉。《诗》云：'人之好我，示我周行。'"

子曰："苟有车，必见其轼；苟有衣，必见其敝；人苟或言之，必闻其声；苟或行之，必见其成。《葛覃》曰：'服之无射。'"

子曰："言从而行之，则言不可饰也；行从而言之，则行不可饰也。故君子寡言而行以成其信，则民不得大其美而小其恶。

《诗》云：'白圭之玷，尚可磨也；斯言之玷，不可为也。'"《小雅》曰：'允也君子，展也大成。'《君奭》曰：'昔在上帝，周田观文王之德，其集大命于厥躬。'"

子曰："南人有言曰：'人而无恒，不可以为卜筮。'古之遗言与！龟筮犹不能知也，而况于人乎！《诗》云：'我龟既厌，不我告犹。《说命》曰：'爵无及恶德，民立而正。'事纯而祭祀，是为不敬。事烦则乱，事神则难。'《易》曰：'不恒其德，或承之羞。恒其德侦，妇人吉，夫子凶。'"

——《缁衣第三十三》

# 五十一、论鸟兽哀同类亡
## 与人子何为三年丧礼

三年之丧何也？

曰：称情而立文，因以饰群，别亲疏、贵贱之节，而弗可损益也，故曰"无易之道"也。

创巨者其日久，痛甚者其愈迟。三年者，称情而立文，所以为至痛极也。斩衰苴杖，居倚庐，食粥，寝苦枕块，所以为至痛饰也。

三年之丧，二十五月而毕，哀痛未尽，思慕未忘，然而服以是断之者，岂不送死者有已，复生有节也哉！

凡生天地之间者，有血气之属必有知，有知之属莫不知爱其类。今是大鸟兽则失丧其群匹，越月逾时焉，则必反巡，过其故乡，翔回焉，鸣号焉，蹢躅焉，踟蹰焉，然后乃能去之。小者至于燕雀，犹有啁噍之顷焉，然后乃能去之。故有血气之属者莫知于人，故人于其亲也，至死不穷。

将由夫患邪淫之人与？则彼朝死而夕忘之，然而从之，则是曾鸟兽之不若也，夫焉能相与群居而不乱乎？将由夫修饰之君子与？则三年之丧，二十五月而毕，若驷之过隙，然而遂之，则是无穷也。故先王焉，为之立中制节，一使足以成文理，则释之矣。

然则何以至期也？曰：至亲以期断。是何也？曰：天地则已易矣，四时则已变矣，其在天地之中者，莫不更始焉，以是象之也。然则何以三年也？曰：加隆焉尔也，焉使倍之。故再期也。

由九月以下何也曰：焉使弗及也。故三年以为隆，缌、小功以为杀，期、九月以为间。上取象于天，下取法于地，中取则于人，人之所以群居和一之理尽矣。

故三年之丧，人道之至文者也。夫是之谓至隆。是百王之所司，古今之所一也，未有知其所由来者也。

孔子曰："子生三年，然后免于父母之怀。夫三年之丧，天下之达丧也。"

——《三年问第三十八》

# 五十二、论宾主投壶谦让互敬之礼

投壶之礼。主人奉矢，司射奉中，使人执壶。

主人请曰："某有枉矢、哨壶，请以乐宾。"宾曰："子有旨酒嘉肴，某既赐矣，又重以乐，敢辞。"

主人曰："枉矢、哨壶，不足辞也，敢固以请。"宾曰："某既赐矣，又重以乐，敢固辞。"

主人曰："枉矢、哨壶不足辞也，敢固以请。"宾曰："某固辞不得命，敢不敬从。"

宾再拜受，主人般还，曰："辟。"主人阼阶上拜送，宾般还，曰："辟。"已拜，受矢，进即两楹间，退反位，揖宾就筵。

司射进度壶，间以二矢半，反位，设中，东面，执八算兴。请宾曰："顺投为入，比投不释，胜饮不胜者。正爵既行，请为胜者立马，一马从二马。三马既立，请庆多马。"请主人亦如之。命弦者曰："请奏《狸首》，间若一。"大师曰："诺。"

左右告矢具，请拾投。有入者，则司射坐而释一筹焉。宾党于右，主党于左。

卒投，司射执曰："左右卒投，请数。"二筹为纯，一纯以取，一筹为奇。遂以奇告，曰："某贤于某若干纯。"奇则曰"奇"，钧则曰"左右钧"。

命酌，曰："请行觞。"酌者曰："诺。"当饮者皆跪奉觞，曰："赐灌。"胜者跪曰："敬养。"

正爵既行，请立马，马各直其筹。一马从二马，以庆。庆礼曰："三马既备，请庆多马。"宾主皆曰"诺"。正爵既行，请彻马。

筹多少视其坐。筹，室中五扶，堂上七扶，庭中九扶。筹长尺二寸。壶，颈修七寸，腹修五寸，口径二寸半，容斗五升。壶中实小豆焉，为其矢之跃而出也。壶去席二矢半。矢以柘若棘，毋去其皮。

鲁令弟子辞曰："毋怃，毋敖，毋偝立，毋逾言。偝立、逾言有长爵。"
薛令弟子辞曰："毋怃，毋敖毋偝立，毋逾言。若是者浮。"
——《投壶第四十》

# 五十三、孔子与鲁哀公论儒
## "五不"者十六礼

鲁哀公问于孔子曰:"夫子之服其儒服与?"孔子对曰:"丘少居鲁,衣逢掖之衣;长居宋,冠章甫之冠。丘闻之也,君子之学也博,其服也乡。丘不知儒服。"

哀公曰:"敢问儒行。"孔子对曰:"遽数之不能终其物,悉数之乃留,更仆未可终也。"

哀公命席。孔子侍,曰:

儒有席上之珍以待聘,夙夜强学以待问,怀忠信以待举,力行以待取。其自立有如此者。

儒有衣冠中,动作慎;其大让如慢,小让如伪;大则如威,小则如愧,其难进而易退也,粥粥若无能也。其容貌有如此者。

儒有居处齐难，其坐起恭敬；言必先信，行必中正；道涂不争险易之利，冬夏不争阴阳之和，爱其死以有待也，养其身以有为也。其备豫有如此者、

儒有不宝金玉，而忠信以为宝；不祈土地，立义以为土地；不祈多积，多文以为富；难得而易禄也，易禄而难畜也。非时不见，不亦难得乎？非义不合，不亦难畜乎？先劳而后禄，不亦易禄乎？其近人有如此者。

儒有委之以货财，淹之以乐好。见利不亏其义；劫之以众，沮之以兵，见死不更其守；鸷虫攫搏，不程勇者；引重鼎，不程其力；往者不悔，来者不豫；过言不再，流言不极；不断其威，不习其谋。其特立有如此者。

儒有可亲而不可劫也，可近而不可迫也，可杀而不可辱也。其居处不淫，其饮食不溽，其过失可微辨而不可面数也。其刚毅有如此者。

儒有忠信以为甲胄，礼义以为干橹；戴仁而行，抱义而处；虽有暴政，不更其所。其自立有如此者。

儒有一亩之宫，环堵之室，筚门圭窬，蓬户瓮牖；易衣而出，并日而食；上答之不敢以疑，上不答不敢以谄。其仕有如

此者。

儒有今人与居，古人与稽；今世行之，后世以为楷；适弗逢世，上弗援，下弗推。谗谄之民有比党而危之者，身可危也，而志不可夺也；虽危起居，竟信其志，犹将不忘百姓之病也。其忧思有如此者。

儒有博学而不穷，笃行而不倦，幽居而不淫，上通而不困；礼之以和为贵，忠信之美，优游之法；慕贤而容众，毁方而瓦合。其宽裕有如此者。

儒有内称不辟亲，外举不辟怨；程功积事，推贤而进达之，不望其报，君得其志；苟利国家，不求富贵，其举贤援能有如此者。

儒有闻善以相告也，见善以相示也；爵位相先也，患难相死也；久相待也，远相致也。其任举有如此者。

儒有澡身而浴德，陈言而伏，静而正之，上弗知也，粗而翘之，又不急为也；不临深而为高，不加少而为多；世治不轻，世乱不沮；同弗与，异弗非也。其特立独行有如此者。

儒有上不臣天子，下不事诸侯；慎静而尚宽，强毅以与

163

人，博学以知服；近文章，砥厉廉隅；虽分国，如锱铢，不臣不仕。其规为有如此者。

儒有合志同方，营道同术；并立则乐，相下不厌；久不相见，闻流言不信；其行本方立义，同而进，不同而退。其交友有如此者。

温良者，仁之本也；敬慎者，仁之地也；宽裕者，仁之作也；孙接者，仁之能也；礼节者，仁之貌也；言谈者，仁之文也；歌乐者，仁之和也；分散者，仁之施也。儒皆兼此而有之，犹且不敢言仁也。其尊让有如此者。

儒有不陨获于贫贱，不充诎于富贵，不慁君王，不累长上，不闵有司，故曰'儒'。今众人之命'儒'也妄，常以儒相诟病。

孔子至舍，哀公馆之："闻此言也，言加信，行加义，终没吾世，不敢以儒为戏。"

——《儒行第四十一》

# 五十四、论大学"三纲领八条目"修齐治平之道（《大学》全文）

大学之道在明明德，在亲民，在止于至善。知止而后有定，定而后能静，静而后能安，安而后能虑，虑而后能得。物有本末，事有终始，知所先后，则近道矣。

古之欲明明德于天下者先治其国，欲治其国者先齐其家；欲齐其家者先修其身；欲修其身者先正其心；欲正其心者先诚其意；欲诚其意者，先致其知；致知在格物。物格而后知至，知至而后意诚，意诚而后心正，心正而后身修，身修而后家齐，家齐而后国治，国治而后天下平。

自天子以至于庶人，一是皆以修身为本，其本乱面末治者，否矣。其所厚者薄，而其所薄者厚，未之有也。此谓知本，此谓知之至也。

所谓诚其意者，毋自欺也，如恶恶臭，如好好色。此之谓自谦。故君子必慎其独也，小人闲居为不善，无所不至。见君子而后，厌然掩其不善而著其善，人之视己如见其肺肝然，则何益矣。此谓诚于中，形于外，故君子必慎其独也。曾子曰："十目所视，十手所指，其严乎！"富润屋，德润身，心广体胖，故君子必诚其意。

《诗》云："瞻彼淇澳，菉竹猗猗。有斐君子，如切如磋，如琢如磨。瑟兮僩兮，赫兮喧兮。有斐君子，终不可諠兮！"切如磋者，道学也。如琢如磨者，自修也。瑟兮僩兮者，恂栗也。赫兮諠兮者，威仪也。有斐君子终不可諠兮者，道盛德至善，民之不能忘也。《诗》云："於戏，前王不忘！"君子贤其贤而亲其亲。小人乐其乐而利其利，此以没世不忘也。

《康诰》曰："克明德。"《太甲》曰："顾諟天之明命。"《帝典》曰："克明峻德。"皆自明也。

汤之《盘铭》曰："苟日新，日日新，又日新。"《康诰》曰："作新民。"诗曰："周虽旧邦，其命惟新。"是故君子无所不用其极。

《诗》云："邦畿千里，惟民所止。"《诗》云："缗蛮黄鸟，止于丘隅。"子曰："于止，知其所止，可以人而不如鸟乎"《诗》云："穆穆文王，於缉熙敬止。"为人君止于仁，为人臣止于敬，为人子止于孝，为人父止于慈，与国人交，止于信。

子曰："听讼，吾犹人也，必也使无讼乎！"无情者不得尽其辞，大畏民志。此谓知本。

所谓修身在正其心者，身有所忿懥则不得其正，有所恐惧则不得其正，有所好乐则不得其正，有所忧患则不得其正。心不在焉，视而不见，听而不闻，食而不知其味。此谓修身在正其心。

所谓齐其家在修其身者，人之其所亲爱而辟焉，之其所贱恶而辟焉，之其所畏敬而辟焉，之其所哀矜而辟焉，之其所敖惰而辟焉。故好而知其恶，恶而知其美者，天下鲜矣。故谚有之曰："人莫知其子之恶，莫知其苗之硕。"此谓身不修不可以齐其家。

所谓治国必先齐其家者，其家不可教而能教人者，无之。故君子不出家而成教于国。孝者所以事君也，弟者所以事长也，慈者所以使众也。《康诰》曰："如保赤子。"心诚求之，虽不中不远矣。未有学养子而后嫁者也！一家仁，一国兴仁；一家让，一国兴让；一人贪戾，一国作乱。其机如此。此谓一言偾事，一人定国。尧舜率天下以仁而民从之，桀纣率天下以暴而民从之。其所令反其所好而民不从。是故君子有诸己而后求诸人，无诸己而后非诸人，所藏乎身不恕而能喻诸人者，未之有也。故治国在齐其家。

《诗》云："桃之夭夭，其叶蓁蓁。之子于归，宜其家人。"宜其家人，而后可以教国人。《诗》云："宜兄宜弟。"宜兄宜弟，而后可以教国人。《诗》云："其仪不忒，正是四国。"其为父子兄弟足法，而后民法之也，此谓治国在齐其家。

所谓平天下在治其国者，上老老而民兴孝，上长长而民兴弟，上恤孤而民不倍，是以君子有絜矩之道也。所恶于上毋以使下，所恶于下毋以事上，所恶于前毋以先后，所恶于后毋以从前，所恶于右毋以交于左，所恶于左毋以交于右，此之谓絜矩之道。《诗》云："乐只君子，民之父母。"民之所好好之，民之所恶恶之，此之谓民之父母。《诗》云："节彼南山，维石岩岩。赫赫师尹，民具尔瞻。"有国者不可以不慎，辟则为天下僇矣。

《诗》云："殷之未丧师，克配上帝。仪监于殷，峻命不易。"道得众则得国，失众则失国。是故君子先慎乎德。有德此有人，有人此有土，有土此有财，有财此有用。德者本也，财者末也。外本内末，争民施夺。是故财聚则民散，财散则民聚。是故言悖而出者亦悖而入，货悖而入者亦悖而出。《康诰》曰："惟命不于常。"道善则得之，不善则失之矣。《楚书》曰："楚国无以为宝，惟善以为宝。"舅犯曰："亡人无以为宝，仁亲以为宝。"《秦誓》曰："若有一介臣，断断兮，无他技；其心休休焉，其如有容焉。人之有技，若己有之；人之彦圣，其心好之，不啻若自其口出，寔能容之。以能保我子孙黎民，尚亦有利哉！人之有技，媢嫉以恶之；人之彦圣而违之，俾不

168

通，寔不能容。以不能保我子孙黎民，亦曰殆哉！"唯仁人放流之，进诸四夷，不与同中国。此谓唯仁人为能爱人，能恶人。

见贤而不能举，举而不能先，命也。见不善而不能退，退而不能远，过也。好人之所恶，恶人之所好，是谓拂人之性，灾必逮夫身。是故君子有大道，必忠信以得之，骄泰以失之。

生财有大道。生之者众，食之者寡，为之者疾，用之者舒，则财恒足矣。仁者以财发身，不仁者以身发财。未有上好仁而下不好义者也，未有好义其事不终者也，未有府库财非其财者也。

孟献子曰："畜马乘不察于鸡豚，伐冰之家不畜牛羊，百乘之家不畜聚敛之臣，与其有聚敛之臣，宁有盗臣。"此谓国不以利为利，以义为利也。长国家而务财用者，必自小人矣。彼为善之，小人之使为国家，灾害并至，虽有善者，亦无如之何矣。此谓国不以利为利，以义为利也。

——《大学第四十二》

# 五十五、论成人加冠礼

凡人之所以为人者，礼义也。礼义之始，在于正容体，齐颜色，顺辞令。容体正，颜色齐，辞令顺，而后礼义备，以正君臣，亲父子，和长幼。君臣正，父子亲，长幼和，而后礼义立。故冠而后服备，服备而后容体正，颜色齐，辞令顺。故曰："冠者，礼之始也。"是故古者圣王重冠。

古者冠礼，筮日、筮宾，所以敬冠事，敬冠事所以重礼，重礼所以为国本也。故冠于阼，以著代也。醮于客位，三加弥尊，加有成也。已冠而字之，成人之道也。见于母，母拜之，见于兄弟，兄弟拜之，成人而与为礼也。玄冠玄端奠挚于君，遂以挚见于乡大夫、乡先生，以成人见也。

成人之者，将责成人礼焉也。责成人礼焉者，将责为人子、为人弟、为人臣、为人少者之礼行焉。将责四者之行于人，其礼可不重与！

故孝弟忠顺之行立，而后可以为人，可以为人而后可以治人也。故圣王重礼。故曰："冠者，礼之始也，嘉事之重者也。"是故古者重冠。重冠故行之于庙，行之于庙者，所以尊重事。尊重事而不敢擅重事，不敢擅重事，所以自卑而尊先祖也。

——《冠义第四十三》

# 五十六、论乡饮酒礼

乡饮酒之义。主人拜迎宾于庠门之外，入，三揖而后至阶，三让而后升，所以致尊让也。盥洗扬觯，所以致洁也。拜至、拜洗、拜受、拜送、拜既，所以致敬也。尊让絜敬也者，君子之所以相接也。君子尊让则不争，絜敬则不慢。不慢不争则远于斗辨矣，不斗辨则无暴乱之祸矣，斯君子之所以免于人祸也。故圣人制之以道。

乡人、士、君子尊于房户之间，宾主共之也。尊有玄酒，贵其质也。羞出自东房，主人共之也，洗当东荣，主人之所以自絜而以事宾也。

宾、主，象天地也。介、僎，象阴阳也。三宾，象三光也。让之三也，象月之三日而成魄也。四面之坐，象四时也。

天地严凝之气始于西南而盛于西北，此天地之尊严气也，此天地之义气也。天地温厚之气始于东北而盛于东南，此天地之盛德气也，此天地之仁气也。主人者尊宾，故坐宾于西北，而坐介于西南以辅宾。宾者，接人以义者也，故坐于西北；主人者，接人以德厚者也，故坐于东南，而坐僎于东北以辅主人也。仁义接，宾主有事，俎豆有数，曰圣；圣立而将之以敬，曰礼；礼以体长幼，曰德。德也者，得于身也。故曰，古之学术道者，将以得身也，是故圣人务焉。

祭荐、祭酒，敬礼也。啐肺，尝礼也。啐酒，成礼也。于席末，言是席之正非专为饮食也，为行礼也，此所以贵礼而贱财也。卒觯，致实于西阶上，言是席之上非专为饮食也，此先礼而后财之义也。先礼而后财，则民作敬让而不争矣。

乡饮酒之礼，六十者坐，五十者立侍，以听政役，所以明尊长也。六十者三豆，七十者四豆，八十者五豆，九十者六豆，所以明养老也。民知尊长养老，而后乃能入孝弟；民入孝弟，出尊长养老，而后成教；成教而后国可安也。君子之所谓孝者，非家至而日见之也，合诸乡射，教之乡饮酒之礼，而孝弟之行立矣。孔子曰："吾观于乡，而知王道之易易也。"

主人亲速宾及介，而众宾自从之。至于门外，主人拜宾及介，而众宾自入，贵贱之义别矣。

三揖至于阶，三让，以宾升，拜至，献酬辞让之节繁；及介，省矣；至于众宾，升受，坐祭，立饮。不酢而降。隆杀之义别矣。

工入，升歌三终。主人献之；笙入，三终，主人献之；间歌三终，合乐三终。工告乐备，遂出。一人扬觯，乃立司正焉，知其能和乐而不流也。

宾酬主人，主人酬介，介酬众宾，少长以齿，终于沃洗者焉，知其能弟长而无遗矣。

降说屦，升坐，修爵无数。饮酒之节，朝不废朝，莫不废夕。宾出，主人拜送，节文终遂焉。知其能安燕而不乱也。

贵贱明，隆杀辨，和乐而不流，弟长而无遗，安燕而不乱，此五行者足以正身安国矣。彼国安而天下安，故曰："吾观于乡而知王道之易易也。"


乡饮酒之义，立宾以象天，立主以象地，设介、僎以象日月，立三宾以象三光。古之制礼也，经之以天地，纪之以日月，参之以三光，政教之本也。

亨狗于东方，祖阳气之发于东方也。洗之在阼，其水在洗东，祖天地之左海也。尊有玄酒，教民不忘本也。

宾必南乡。东方者春，春之为言蠢也，产万物者圣也。南方者夏，夏之为言假也，养之、长之、假之，仁也。西方者秋，秋之为言愁也，愁之以时察，守义者也。北方者冬。冬之为言中也，中者藏也。是以天子之立也，左圣乡仁，右义偝藏也。介必东乡，介宾主也。主人必居东方。东方者春，春之为言蠢也，产万物者也。主人者造之，产万物者也。

月者三日则成魄，三月则成时。是以礼有三让，建国必立三卿。三宾者，政教之本，礼之大参也。

——《乡饮酒义第四十五》

173

# 五十七、论天子、诸侯、生男 "三射"之礼

古者诸侯之射也，必先行燕礼，卿、大夫、士之射也，必先行乡饮酒之礼。故燕礼者，所以明君臣之义也；乡饮酒之礼者，所以明长幼之序也。

故射者，进退周还必中礼。内志正，外体直，然后持弓矢审固，持弓矢审固，然后可以言中。此可以观德行矣。

其节，天子以《驺虞》为节，诸侯以《狸首》为节；卿大夫以《采蘋》为节，士以《采繁》为节。《驺虞》者，乐官备也。《狸首》者，乐会时也；《采蘋》者，乐循法也。《采繁》者，乐不失职也。是故夫子以备官为节，诸侯以时会天子为节，卿大夫以循法为节，士以不失职为节。故明乎其节之志，以不失其事，则功成而德行立。德行立则无暴乱之祸矣，功成则国安。故曰，射者所以观盛德也。

是故古者天子以射选诸侯、卿、大夫、士。射者，男子之事也，因而饰之以礼乐也。故事之尽礼乐而可数为以立德行

者，莫若射，故圣王务焉。

是故古者天子之制，诸侯岁献，贡士于天子，天子试之于射宫。其容体比于礼，其节比于乐，而中多者，得与于祭；其容体不比于礼，其节不比于乐，而中少者，不得与于祭。数与于祭而君有庆，数不与于祭而君有让；数有庆而益地，数有让而削地。故曰，射者，射为诸侯也。是以诸侯君臣尽志于射以习礼乐。夫君臣习礼乐而以流亡者，未之有也。

故《诗》曰："曾孙侯氏，四正具举。大夫君子，凡以庶士。小大莫处，御于君所。以燕以射，则燕则誉。"言君臣相与尽志于射以习礼乐，则安则誉也。是以天子制之，而诸侯务焉。此天子之所以养诸侯而兵不用，诸侯自为正之具也。

孔子射于矍相之圃，盖观者如堵墙。射至于司马，使子路执弓矢出延射，曰："贲军之将，亡国之大夫，与为人后者，不入，其余皆入。"盖去者半，入者半。又使公罔之裘、序点扬觯而语。公罔之裘扬觯而语曰："幼壮孝弟，耆耋好礼，不从流俗，修身以俟死，者不？在此位也。"盖去者半，处者半。序点又扬觯而语曰："好学不倦，好礼不变，旄期称道不乱，者不？在此位也。"盖仅有存者。

射之为言者绎也，或曰舍也。绎者，各绎己之志也。故心平体正，持弓矢审固，持弓矢审固则射中矣。

故曰："为人父者以为父鹄，为人子者以为子鹄，为人君者以为君鹄，为人臣者以为臣鹄。"故射者各射己之鹄。故天子之大射谓之射侯。射侯者，射为诸侯也。射中则得为诸侯，射不中则不得为诸侯。

天子将祭，必先习射于泽。泽者，所以择士也。已射于泽而后射于射宫。射中者得与于祭，不中者不得与于祭。不得与于祭者有让，削以地；得与于祭者有庆，益以地；进爵、绌地是也。

故男子生，桑弧蓬矢六，以射天地四方。天地四方，男子之所有事也。故必先有志于其所有事，然后敢用谷也，饭食之谓也。

射者！仁之道也。射求正诸己，己正然后发；发而不中则不怨胜己者，反求诸己而已矣。孔子曰："君子无所争，必也，射乎！揖让而升，下而饮，其争也君子。"

孔子曰："射者何以射？何以听？循声而发，发而不失正鹄者，其唯贤者乎！若夫不肖之人，则彼将安能以中？"《诗》云："发彼有的，以祈尔爵。"祈，求也，求中以辞爵也。酒者，所以养老也，所以养病也。求中以辞爵者，辞养也。

——《射义第四十六》

# 五十八、论诸侯国外交往来之"聘"礼

聘礼，上公七介，侯伯五介，子男三介，所以明贵贱也。介绍而传命，君子于其所尊弗敢质，敬之至也。三让而后传命，三让而后入庙门，三揖而后至阶，三让而后升，所以致尊让也。

君使士迎于境，大夫郊劳，君亲拜迎于大门之内而庙受，北面拜贶，拜君命之辱，所以致敬也。敬让也者，君子之所以相接也。故诸侯相接以敬让，则不相侵陵。

卿为上摈，大夫为承摈，士为绍摈。君亲礼宾，宾私面私觌，致饔饩，还圭璋，贿赠，飧、食、燕，所以明宾客君臣之义也。

故天子制诸侯，比年小聘，三年大聘，相厉以礼。使者聘而误，主君弗亲飧食也，所以愧厉之也。诸侯相厉以礼，则外不相侵，内不相陵。此天子之所以养诸侯，兵不用而诸侯自为正之具也。

以圭璋聘，重礼也。已聘而还圭璋，此轻财而重礼之义也。诸侯相厉以轻财重礼，则民作让矣。

主国待客，出入三积，饩客于舍，五牢之具陈于内，米三十车，禾三十车，刍薪倍禾，皆陈于外，乘禽日五双，群介皆有饩牢，一食再飨，燕与时赐无数，所以厚重礼也。古之用财者不能均如此，然而用财如此其厚者，言尽之于礼也。尽之于礼，则内君臣不相陵而外不相侵，故天子制之而诸侯务焉尔。

聘、射之礼，至大礼也。质明而始行事，日几中而后礼成，非强有力者弗能行也。故强有力者将以行礼也。酒清，人渴而不敢饮也；肉干，人饥而不敢食也；日莫人倦，齐庄正齐而不敢解惰：以成礼节，以正君臣，以亲父子，以和长幼。此众人之所难而君子行之，故谓之有行。有行之谓有义，有义之谓勇敢。故所贵于勇敢者，贵其能以立义也；所贵于立义者，贵其有行也；所贵于有行者，贵其行礼也。故所贵于勇敢者，贵其敢行礼义也。故勇敢、强有力者，天下无事则用之于礼义，天下有事则用之于战胜。用之于战胜则无敌，用之于礼义则顺治。外无敌，内顺治，此之谓盛德。故圣王之贵勇敢、强有力如此也。勇敢、强有力而不用之于礼义、战胜，而用之于争斗，则谓之乱人。刑罚行于国，所诛者乱人也。如此则民顺治而国安也。

子贡问于孔子曰："敢问君子贵玉而贱珉者，何也？为玉之寡而珉之多与？"孔子曰："非为珉之多故贱之也，玉之寡故贵之也。夫昔者君子比德于玉焉：温润而泽，仁也。缜密以栗，知也。廉而不刿，义也。垂之如队，礼也。叩之，其声清越以长，其终诎然，乐也。瑕不掩瑜，瑜不掩瑕，忠也。孚尹旁达，信也。气如白虹，天也。精神见于山川，地也。圭璋特达，德也。天下莫不贵者，道也。《诗》云：'言念君子，温其如玉。'故君子贵之也。"

——《聘义第四十八》

# 五十九、论临丧"六哀"之礼

斩衰何以服苴？苴，恶貌也，所以首其内而见诸外也。斩衰貌若苴，齐衰貌若枲，大功貌若止，小功、缌麻容貌可也。此哀之发于容体者也。

斩衰之哭若往而不反，齐衰之哭若往而反，大功之哭三曲而偯，小功、缌麻哀容可也。此哀之发于声音者也。

斩衰唯而不对，齐衰对而不言，大功言而不议，小功、缌麻议而不及乐。此哀之发于言语者也。

斩衰三日不食，齐衰二日不食，大功三不食，小功、缌麻再不食，士与敛焉则一不食。故父母之丧，既殡食粥，朝一溢米，莫一溢米；齐衰之丧，疏食水饮，不食菜果；大功之丧，不食醯酱；小功、缌麻，不饮醴酒。此哀之发于饮食者也。

父母之丧，既虞、卒哭，疏食水饮，不食菜果；期而小祥，食菜果；又期而大祥，有醯酱；中月而禫，禫而饮醴酒。始饮酒者先饮醴酒，始食肉者先食干肉。

父母之丧，居倚庐，寝苦枕块，不说绖带；齐衰之丧，居垩室，苄翦不纳；大功之丧，寝有席；小功、缌麻，床可也。此哀之发于居处者也。

父母之丧，既虞、卒哭，柱楣翦屏，苄翦不纳；期而小祥，居垩室，寝有席；又期而大祥，居复寝；中月而禫，禫而床。

斩衰三升；齐衰四升、五升、六升；大功七升、八升、九升；小功十升、十一升、十二升；缌麻十五升去其半。有事其缕、无事其布，曰缌。此哀之发于衣服者也。

——《间传第三十七》

# 六十、论治丧于恩、义、节、权"四制"之礼

凡礼之大体，体天地，法四时，则阴阳，顺人情，故谓之礼。訾之者，是不知礼之所由生也。夫礼，吉凶异道，不得相干，取之阴阳也。丧有四制，变而从宜，取之四时也。有恩，有理，有节，有权，取之人情也。恩者仁也，理者义也，节者礼也，权者知也。仁、义、礼、智，人道具矣。

其恩厚者其服重，故为父斩衰三年，以恩制者也。

门内之治恩掩义，门外之治义断恩。资于事父以事君而敬同，贵贵尊尊，义之大者也。故为君亦斩衰三年，以义制者也。

三日而食，三月而沐，期而练，毁不灭性，不以死伤生也。丧不过三年，苴衰不补，坟墓不培，祥之日鼓素琴，告民有终也，以节制者也。

资于事父以事母而爱同，天无二日，士无二王，国无二君，家无二尊，以一治之也。故父在为母齐衰期者，见无二尊也。杖者何也？爵也。三日授子杖．五日授大夫杖，七日授士杖。或曰"担主"，或曰"辅病"。妇人、童子不杖，不能病也。百官备，百物具，不言而事行者，扶而起。言而后事行者，杖而起。身自执事而后行者，面垢而已。秃者不髽，伛者不袒，跛者不踊，老病不止酒肉。凡此八者，以权制者也。

始死，三日不怠，三月不解，期悲哀，三年忧，恩之杀也。圣人因杀以制节，此丧之日以三年，贤者不得过，不肖者不得不及。此丧之中庸也，王者之所常行也。

《书》曰："高宗谅阁，三年不言。"善之也。王者莫不行此礼。何以独善之也？曰：高宗者，武丁；武丁者，殷之贤王也，继世即位，而慈良于丧，当此之时，殷衰而复兴，礼废而复起，故善之。善之，故载之《书》中而高之，故谓之高宗。三年之丧，君不言。《书》云："高宗谅阁，三年不言。"此之谓也。然而曰"言不文"者，谓臣下也。

礼，斩衰之丧，唯而不对；齐衰之丧，对而不言；大功之丧，言而不议；缌、小功之丧，议而不及乐。

父母之丧，衰冠、绳缨、菅屦，三日而食粥，三月而沐，期十三月而练冠，三年而祥。比终兹三节者，仁者可以观其爱焉，知者可以观其理焉，强者可以观其志焉。礼以治之，义以正之，孝子、弟弟、贞妇，皆可得而察焉。

——《丧服四制第四十九》

# 鸣　谢

　　该书均以浙江古籍版《十三经注疏》中的《礼记正义》为底本，分别参阅中华书局版白文本《四书五经》，上海古籍版《礼记译注》（杨天宇先生撰）一并鸣谢。

2015年7月15日
于北京时代华文书局